《南昌历史文化丛书》编委会

主　　任　龙和南

副 主 任　喻风林

编　　委　万晓东　杜　敏　皮　洁　彭路萍　张　凡　刘为勇

策　　划　喻风林　杜　敏

执行编审　杜　敏　刘为勇

豫章遗韵
——南昌不可移动文物精粹

南昌历史文化丛书

喻风林 主编

南昌市社会科学界联合会
南昌社会科学院 编

江西人民出版社

《豫章遗韵——南昌不可移动文物精粹》编撰人员

主编

喻风林

副主编

连小建

成员

刘 利　张晓波　王 静

总序

龙和南

南昌是一座历史文化名城,自古人文荟萃、文化昌盛,早在旧石器中晚期(距今四万年前)就有人类在这块土地上繁衍活动。自汉初建城以来,一直都是郡、州、道、府的治所,短期还曾做过南唐的南都,是江西经济、政治、文化的中心。悠久的历史、灿烂的文化给南昌留下了丰厚的文化遗产。那些可触可感的历代文物、口耳相传的流风遗韵、洋洋大观的故事典籍以及在历史上涌现的众多名人,都承载着南昌的城市记忆,构筑起南昌的城市文脉。

时代更替,岁月流逝,辉煌与沧桑的历史很难留下一部完整无缺、细节详尽的实录,也不可能给我们留下一成不变的昔日场景。无数发生在这块土地上的重要事件,我们只能从文物遗址中去寻找痕迹;无数活跃在这方热土上的先贤,我们只能通过史籍方志的记载去想象他们的音容笑貌;无数影响人们生活的传统习俗,我们只能通过耳口相传而得其大概。然而,这些精之所存、气之所蕴、神之所附的优秀文化传统早已被南昌人民铭刻在岁月深处,并在踏浪前行的历史发展中,藉以叩击新的梦想。

"参天之木,必有其根。怀山之水,必有其源。"历史是城市的缩影和积淀,做好南昌历史文化资源的挖掘、保护、利用工作,对于传承南昌的历史文脉,提升南昌的文化品位,塑造南昌的特色魅力,凝聚南昌城市文化认同感,增强南昌的综合竞争力,都能起到重要的作用。正是秉承"保护历史文化遗产、传承城市历史文脉"的主旨,南昌市社科联、南昌社科院专门组织力量编撰了一套《南昌历史文化丛书》,这套丛书涉及南昌历史文化的方方面面,既有古迹风光,也有艺文风姿;既有科宦风采,也有民俗风情,它们吸收了人们多年来对南昌历史文化资源调查和研究的成果,把抽象化的文字资料、物态化的历史遗迹、多样化的文化现象与精神化的人的心灵有机地结合起来,在"点"与"线"的交织中,呈现出南昌更为广阔的历史场景,揭示出南昌历史文化中更深层次的个性内涵。这套丛书可谓荟萃众美,通贯古今,图文并茂,雅俗共赏,既是南昌文化建设和社会科学研究的一大成果,又是继承和发扬南昌优秀传统文化的重要媒介。

文化是引导社会进步的标杆,只有记住曾经的沧桑,才能更好地远行,只有铭刻历史的印痕,才能延续文明的薪火。《南昌历史文化丛书》的编纂出版,无疑在这方面起到了引导和示范的作用,希望更多的有识之士参与到发掘、研究、宣传、弘扬南昌文化的行动中来,续写无愧于先贤、无愧于时代、无愧于后世的文化新篇。

文化的延续性在于继承,文化的生命力在于创新。我们继承传统文化,当然不是守旧复古,而是在发掘传统文化的历史意义和现实价值的基础上推陈出新,创造出具有我们时代特征的新的文化产品和新的文化业态,为经济社会发展催生出新的增长点和动力源。为此,希望广大读者借此丛书,在以新的视野和新的感受去寻觅、触摸南昌城市发展的历史足迹之时,能从中汲取更多的南昌文化优良传统和精神动力,并在新的时代条件下,用我们的智慧和双手创造南昌更加灿烂的今天和明天。

是为序。

(作者系中共南昌市委常委、宣传部长)

目录

古建筑

青云谱 …………………………………………………… 2

陈氏牌坊 ………………………………………………… 4

羽琌山馆和云亭别墅 …………………………………… 6

玉隆万寿宫 ……………………………………………… 8

佑民寺铜钟 ……………………………………………… 10

珠子塔（元）…………………………………………… 11

杏花楼 …………………………………………………… 12

蜚英塔 …………………………………………………… 14

绳金塔 …………………………………………………… 16

京台戏台 ………………………………………………… 18

罗田世大夫第 …………………………………………… 20

三里雷家民居 …………………………………………… 22

京台"曦庐"民宅	24
万家焦氏节孝坊	26
钟陵节凛冰霜坊	28
汪山土库	30
水南余庆堂民宅	32
圣水塘	34
吴氏家庙	36
紫阳峰道教文化景观	38
嵩山岩塔	40
柘流桥	41
妙济桥	42
文峰塔	43
世德传芳坊	44
下徐牌坊	45
石门坊	46
秀峰桥	47
清远渡石桥	48
邓家牌坊	49
贞寿牌楼屋	50
珠子塔(清)	51
定山桥	52
乌龙桥	53
原本堂	54

石埠安源桥……56

砀山桥……57

万村古建筑群……58

欧阳村"善庆重光"坊……60

双节坊……62

"松节劲苍"贞节坊……64

贞节牌坊屋……66

印背村门楼群……68

"瑞霭春云"民居……70

文港毛笔作坊……72

古遗址

李渡烧酒作坊遗址……75

南昌汉代海昏侯国遗址……77

三国孙虑城遗址……80

香城寺遗址……82

法雨寺遗址……84

白崖山红石场遗址……86

凤鸡山红石场遗址……88

南矶山藏兵洞……90

铜源峡水碓群……92

安义古道(牛渡岭惜字塔)……94

介岗八大山人出家地建筑遗址……96

山东曹家古窑址…………………………… 98

古墓葬

朱权墓与乐安王墓…………………………… 100

三国东吴墓…………………………… 103

魏松山墓…………………………… 105

英山石塔墓…………………………… 106

尼姑山塔墓群…………………………… 108

皇姑墓…………………………… 110

石　刻

新庵里摩岩石刻…………………………… 112

洪崖石刻…………………………… 114

留元刚摩崖石刻…………………………… 116

近现代重要史迹及代表性建筑

八一起义总指挥部旧址…………………………… 120

贺龙指挥部旧址…………………………… 122

朱德军官教育团旧址…………………………… 124

朱德旧居…………………………… 126

叶挺指挥部旧址…………………………… 128

南昌新四军军部旧址…………………………… 130

邓小平旧居与劳动车间…………………………… 132

令公庙	134
松柏巷天主堂	136
江西省立图书馆旧址	137
熊式辉公馆	138
黄秋园故居	139
毛泽东思想胜利万岁馆旧址	140
南昌邮政大楼旧址	141
八一南昌起义纪念塔	142
徐陂山天主教堂	144
大染房	145
永聚泰和盐行	146
祥丰钱庄	147
小吊楼药店	148
翘步街老房子	149
翠花街酒作坊	150
亨得利店	151
国民革命军第五方面军警卫团旧址	152
中共中央东南分局旧址	153
励志社南昌分社旧址	154
中央南昌飞机制造厂旧址	155
中苏友好馆	157
江西革命烈士纪念堂	158
育新学校老教学楼	160

新中国第一架飞机生产车间旧址…………… 161
江西省航运大楼旧址…………………………… 162
江西饭店………………………………………… 163
江西宾馆………………………………………… 164
南昌百货大楼…………………………………… 165
方志敏墓………………………………………… 166
南昌市邮电大楼………………………………… 168
八二八招待所一号楼旧址……………………… 169
陈云旧居………………………………………… 170

附 录

附录一 南昌市各级文物保护单位一览表………… 172
附录二 南昌市公布的第一批历史建筑一览表…… 185

古建筑

青云谱

青云谱位于南昌市青云谱区梅湖之畔,原系一座净明道院,2006年被列为全国重点文物保护单位。现存古建筑建于清康熙六年(1667),初曰"青云圃",康熙十四年(1675)改称"青云谱"。青云谱古建筑群为明清制式,穿斗式与抬梁式混合木结构,青砖

青云谱

灰瓦，南北朝向，关帝殿、吕祖殿、许祖殿三殿依次递进，峤圆与许祖殿、斗姥阁、三官殿东西相连，黍居和鹤巢点缀其间，逸静幽雅，宛若仙境。1959年，八大山人纪念馆于青云谱旧址内成立，是我国第一座古代画家纪念馆。

青云谱内景

陈氏牌坊

陈氏牌坊位于南昌市进贤县七里乡罗源村委会陈家村,为全国重点文物保护单位。该坊由石质昼锦坊和木质理学名贤坊组成,建于明代,坐南朝北,南北一前一后分布,与两侧围墙一起组成院落式牌坊,占地面积300平方米。

理学名贤坊

昼锦坊

　　昼锦坊为明永乐八年（1410）兵科给事中高旭、进贤知县佘曜为该村时任四川右参政的陈谟而立。四柱三间砖石混合结构，高5.12米，宽8.08米，中置一门，门两侧皆为素面，坊门上端中嵌"昼锦"二字石匾，并刻有建坊缘由、时间等记述性文字，据族谱记载昼锦匾额为解缙书写。匾额两侧、上下坊梁及四柱上部均有浮雕图案。

　　理学名贤坊位于昼锦坊南12.25米，明崇祯十年（1637），因陈谟后裔陈良言、陈应元、陈良训三人为朝廷建功立业而共建。坊为四柱三间木结构，高5.96米，宽0.60米，每柱前后配一对面部神态迥异的两背向石狮，前喜后忧，栩栩如生。正面穿枋四匾从左至右分别刻"明经传芳""理学名贤""科甲济美"；背面穿枋中格刻"龙章世锡"，左右两格为素面。穿枋上为"米"字形斗拱结构，用长条木料斜交叉叠放，下短上长，坊檐向四周延伸，庑殿式坊脊。

羽琴山馆和云亭别墅

羽琴山馆

羽琴山馆和云亭别墅位于南昌市进贤县艾溪陈家村，为全国重点文物保护单位。羽琴山馆建于清光绪元年（1875），现存建筑面积1260平方米，兴建者陈志喆曾先后任广东博罗与四川江油知县。院落坐北朝南，主要建筑包括宝俭庐、

宝俭庐正厅木雕门

中宪第门楼

云亭别墅花雕门

云亭别墅内木结构及雕刻

诒经室、还读楼、恋春阁、磨砚山房、洁馨屋及涵春池。

　　云亭别墅是清代咸丰举人陈奎彩及其子、光绪进士、宁化知县陈应辰的住宅，建于清同治癸亥年（1863）。主体建筑面积228平方米，坐北朝南，两个天井，二重半进。天井上方四周飞檐构架为曲线弧形，厅堂立柱间穿枋全部精工雕刻山水花鸟，门窗雕有人文典故及吉祥喜庆图案。中宪第是云亭别墅的八字门楼，高5.4米、宽5.9米，由六根红石立柱及四根横梁搭起门楼构架，上砌斗砖成屋檐式，盖在中宪第黑石匾上。

玉隆万寿宫

　　玉隆万寿宫又称西山万寿宫，位于南昌市新建区西山镇西山街，是净明道教祖庭，江西省文物保护单位。始建于东晋宁康二年（374），原为奉祀东晋著名道教大师许逊而建。宋政和六年（1116），宋徽宗下诏以当时西京洛阳的"崇福宫"为蓝本进行大

玉隆万寿宫大门

玉隆万寿宫正殿

规模重建，并亲书"玉隆万寿宫"匾额。后几经兴毁。现存的万寿宫为清同治六年（1867）修建，主要有正殿、关帝殿等大小五殿。正殿，又叫高明殿或真君殿，是万寿宫的主要建筑，庑殿顶、重檐、全琉璃瓦，结构为典型的抬梁式木构架，五翘四昂十九蹊斗拱，花岗石柱墩和台基。宫门始建于明万历十年（1582），清嘉庆八年（1803）重修，高13.6米，宽15.3米，雕刻工艺精致，青石梁立柱，正反面均刻有"萬壽宮"匾额。

佑民寺铜钟

佑民寺铜钟

佑民寺铜钟位于南昌市东湖区环湖路 37 号佑民寺内,为江西省文物保护单位,是历史上"南昌三宝(普贤寺铁像、佑民寺铜佛、宋代铜钟)"中仅存的一宝。佑民寺铜钟系南唐大将林仁肇于乾德五年(967)铸,重 10064 斤,高七尺,围长一丈四尺八寸,铸有"南唐乾德五年太岁丁卯重铸"字样。铜钟上铸双吊耳,肩部三道凸弦纹,中部以大块方格与竖条纹间隔装饰,中下部对称分置四个乳丁纽,再往下是大块长方格与竖条纹间隔和两道凸弦纹,下沿部铸成波浪形。佑民寺铜钟原放在普贤寺内,民国十八年(1929)移至佑民寺。

珠子塔（元）

珠子塔（元）位于南昌市进贤县赵埠乡藕塘村委会塔下村，为江西省文物保护单位。建于元泰定二年（1325），塔身通高1.73米，六棱锥状，由七块红石凿砌而成，有三层塔身、两层塔檐和塔刹。塔身六面、鼓形，一层刻浅浮雕佛像和众金刚名，二层正南刻"皇泰定二年六月旦"字样，其余五面刻浅浮雕佛坐像，剩余几层各面均为光滑素面。该塔因远看像一小串珠子，故名珠子塔。此塔为国内有准确纪年的元代石塔，对研究元代的造塔艺术具有重要的参考价值。

珠子塔（元）

杏花楼

杏花楼全景

杏花楼主楼

　　杏花楼位于南昌市东湖区南湖北侧湖心岛，东、南、西三面环水，为江西省文物保护单位。明武宗正德年间（1506—1521），这里曾为宁王朱权五世孙朱宸濠之妻娄妃的梳妆台。明万历年间（1573—1620），相国张位（字洪阳）在此修建别墅，始称"杏花楼"并沿用至今。杏花楼为抬梁式两层木构古建筑，外墙为青砖砌就风火山墙，占地面积315平方米，建筑面积612平方米，正面为六开间，进深五间，十五架梁。杏花楼花梁朱柱，挑檐翘角，漏窗花墙，在院内湖石、绿树的点缀下，显得格外轻巧恬静。

蜚英塔

蜚英塔位于南昌市高新区麻丘镇宝塔村南,为江西省文物保护单位。建于明天启元年(1621),为典型的江南传统楼阁式砖石建筑。坐北朝南,平面呈六角形,底层边长3.2米,含塔刹通高35米。塔身七层,塔基用长方形红砂石砌筑,塔身用青砖砌成,层间为青石板岩,塔内有砖阶,砖檐为五层平铺叠涩出檐。第三层正面嵌一塔碑,中刻"蜚英塔"三字,右书"龙飞天启辛酉元年正月十一日立"。塔左侧原有唐建阿缛寺,后被毁。

蜚英塔

绳金塔

绳金塔位于南昌市西湖区绳金塔街东侧，为江西省文物保护单位。始建于唐天祐年间（904—907）。相传最早建塔时，在塔基处掘得铁函一只，内有金绳四匝、古剑三把（分别刻有"驱风""镇火""降蛟"字样）、舍利子三百粒，绳金塔因此而得名。现塔身为清康熙五十二年（1713）所建。绳金塔为典型的江南砖木结构楼阁式塔，塔高50.86米，塔身七层八面（明七暗八层），青砖砌筑，平面为内四方、外八边形，葫芦形塔刹。塔身每层均设有四面真门洞、四面假门洞，第一层为月亮门，第二、三层为如意门，第四至七层为火焰门。三种拱门形式集于一塔，这种做法在国内较为罕见。绳金塔是南昌市城区仅存的高层古建筑，对研究南昌市历史文化具有很高的价值。

绳金塔

京台戏台

京台戏台位于南昌市安义县石鼻镇京台村,清乾隆年间建造,为江西省文物保护单位。戏台坐南朝北,平面呈倒"T"字形,

京台戏台

戏台藻井

占地86平方米,高7.5米,宽10米,深8.5米,面阔三间,进深五间,青砖墙面,砖木结构,灰瓦铺作四阿歇山顶。戏台中央上方设有藻井,藻井为圆形卷棚式,内饰花纹格图案。布景区有一幅深蓝底的彩绘图。戏台两侧为风火山墙,顶脊青砖饰阴底卷草云雷纹。屋脊中央为祭红大瓷瓶,瓶中安置三叉铁戟。后台上留有以朱色、墨色书写的演出剧目表。台基墙上设有几个圆形石雕窗,起共鸣、通风作用。

戏台石雕窗

罗田世大夫第

罗田世大夫第大门

罗田世大夫第内景

　　罗田世大夫第位于南昌市安义县石鼻镇罗田村内，为江西省文物保护单位。建于清乾隆辛巳年（1762），坐东朝西，占地面积4400多平方米，现存建筑面积2450平方米，由11幢房屋组合而成。屋内有4条巷、80个门槛、22个天井、60个房间、11个厅堂、3个过堂。主体建筑由三幢房屋在一条轴线上纵向排列相互连接而成，面阔15.3米，进深51.8米，四重进，主屋木架采用穿斗式与抬梁式相结合。室内装饰雕刻极富创意，雕刻图案栩栩如生。大门呈"八字形"，门楣上有"世大夫第"匾额。

三里雷家民居

三里雷家民居位于南昌市进贤县三里乡雷家村,为江西省文物保护单位。建于清乾隆年间(1735—1795),主要由"翠萼鸿

三里雷家民居侧面图

高挹余晖大门

章""高挹余晖"两幢民居及附属厨房组成，坐东朝西，砖石木混合结构，占地约480平方米。两宅均为两重直进，面阔三开间，"人"字青砖侧墙。两宅大门上端分别横嵌"翠萼鸿章"和"高挹余晖"石匾。内部为木质穿斗结构，上置阁楼，天井和正堂主要部位满饰各种吉祥纹及花窗。

三里雷家民居木雕

翠萼鸿章石雕门匾

京台"曦庐"民宅

京台"曦庐"民宅

京台"曦庐"民宅内景

　　京台"曦庐"民宅位于南昌市安义县石鼻镇京台村，为江西省文物保护单位。始建于清乾隆五十年（1785），完工于道光三年（1823），由屋主人刘章达及长子刘华松、次子刘华杰二代三人花了38年的时间建成。宅院坐北朝南，砖木石结构，硬山屋顶，青砖墙面，由30幢分工明确、布局合理、错落别致的房屋组合而成。室内木板雕刻高贵典雅、精美绝伦。太平天国时有一部分建筑被烧毁，现保留有3000余平方米的建筑，28个天井。

万家焦氏节孝坊

万家焦氏节孝坊

万家焦氏节孝坊位于南昌市进贤县三里乡曹门村委会科第万家村南,是江西省文物保护单位。该坊为清乾隆十四年(1749)清廷高官尹继善、塞楞额回和金德英为旌表丧夫守节深得民众褒赞的焦氏而建。牌坊坐北朝南,"山"字形,四柱三间,三重檐,青、红石混合结构,通高7.9米,面宽7.7米。正面中间嵌一横匾,其上横刻"节孝坊"三字,横匾上端又竖置一竖刻"圣旨"二字石匾。匾额篆字双刀沟线刻"质并松节",右刻"江西承宣布政使彭家屏为",左刻"万母焦孺人立乾隆十四年吉旦"。上部有浮雕图案,坊顶为石雕庑殿式,正中置石葫芦。

钟陵节凛冰霜坊

钟陵节凛冰霜坊

节凛冰霜坊石狮

　　钟陵节凛冰霜坊位于南昌市进贤县钟陵乡钟陵村，为江西省文物保护单位。清乾隆六十年（1795）为旌表儒士胡仰廷妻杨氏而建。牌坊坐南面北，六柱两层楼阁式青石建筑，石刻瓦檐坊顶，通高6.5米，正面宽7.2米，侧宽3.7米。坊正面上方匾额阳刻"节凛冰霜"四字，背面上方匾额刻有清代乾隆年间立坊的官员名单，夹梁阳刻"旌表儒士胡仰廷之妻杨氏节孝坊"。两根中柱前后各有一对石狮，神态各异。石雕纹饰精美，有龙、鳌、鹤、鹿图案和戏文故事等，柱上刻六棱形装饰图案。

汪山土库

汪山土库位于南昌市新建区大塘坪乡汪山冈上,为江西省文物保护单位。始建于清道光年间(1821),至咸丰年间(1851)初具规模,由史称"一门三督抚"的湖广总督程矞采、江苏巡抚程焕采、安徽巡抚程楙采三兄弟筹资建成。整个建筑坐北朝南,占地108亩,东西长337米,南北宽180米,由25幢抬梁穿斗式结构的青砖大瓦房组成,大小房间1443间,天井572个。其建筑规模之大,在江南乃至全国实属罕见,故民间素有"江南小朝廷"之称。

汪山土库现存的建筑

汪山土库八尺巷

汪山土库天井

水南余庆堂民宅

水南余庆堂民宅大门

水南余庆堂民宅内景

　　水南余庆堂民宅位于南昌市安义县石鼻镇罗田村水南自然村，为江西省文物保护单位。始建于清道光二十年（1840），占地面积1940平方米，平面呈长方形，面阔三开间，三进二天井，两条耳巷。主屋由两幢房屋组成，坐北朝南，面阔12.9米，进深25.44米，砖木结构，穿斗式木架构，马头式风火墙。后堂俗称"闺秀楼"，为堂楼结构，楼上设有回廊，靠临天井边沿设有凭眺雕花栏杆和堂楼花窗。

圣水塘

圣水塘位于南昌市安义县新民乡杏村狮子山顶,为江西省文物保护单位。占地面积645平方米,包括寺庙、天池、碑林等。据历史记载,明代有僧人在此建庙,庙前有天池,池水四季不溢

圣水塘

圣水塘龙神寺

不涸，水深莫测；池中有四脚红鱼，"每遇大旱地方官洁诚致祭，则鱼自浮出迎取，至诚祷雨立应"。清同治五年（1866）六月间，江南大旱，江西巡抚刘坤一派官员上安义狮子山龙神寺（圣水堂）迎神鱼，祭祀求雨，随后数日连降大雨，旱情遂解。刘坤一和两江总督曾国藩将此事上报朝廷，请求为寺敕名、颁匾。同治十年（1871）七月二十五日，皇太后慈禧以清穆宗载淳的名义敕"圣水堂"封号，另外还赐予匾额一方，曰"龙安昭佑"。天池南侧立有清同治年间的碑林，现存碑刻五块，记述了两江总督曾国藩和江西巡抚刘坤一有关奏章及皇太后敕封并颁匾额的史实。

吴氏家庙

吴氏家庙远景

吴氏家庙位于南昌市南昌县冈上镇蚕石村，为南昌市文物保护单位。家庙坐西面东，占地面积2400平方米，建筑面积1538平方米。据族谱记载，吴氏家庙始建于南宋丁未年（1127），现主体结构为清光绪四年（1878）建造。家庙总体为东西纵轴线对称排列，面阔十一间，三进两天井，抬梁穿斗式木架构，外墙用青灰色砖砌成，整体为晚清风格，部分建筑为民国重修。首进家庙门楼为石木结构，门楼正中上悬"吴氏家庙"匾额，气势宏伟；二进"萃涣堂"，是宗族议事及来客居住场所；三进"崇本堂"，是村民祭祀祖先的庙堂。吴氏家庙是南昌地区目前保存较好且体量最大的祠堂，为研究宗族文化和祠堂建造艺术提供了宝贵的实物资料。

吴氏家庙萃涣堂

吴氏家庙厢房

紫阳峰道教文化景观

紫阳峰道教文化景观位于南昌市湾里区梅岭镇梅岭村紫阳峰顶,由紫阳宫、邓仙真墓、造像洞和石床洞组成,为南昌市文物保护单位。

紫阳宫

紫阳宫又称紫金纯阳道坛，现存建筑系明万历甲戌年（1574）由乐安府姜彦主持重修，屋前岩石上刻有"万历二年开山"字样，门前横梁正中刻"紫阳宫"三字。全石材仿木架结构，坐北面南，占地面积17平方米，外观古拙质朴，结构坚固异常。宫内供奉邓禹石像和吕洞宾石像、济公石像。

邓真人石像

邓仙真墓在紫阳宫西侧下方约100米处，墓表中部立一石塔，石塔高1.84米。塔后有一墓碑，字迹不清。从墓葬形制看，当为明末清初所建。

邓仙真墓

造像洞在邓仙真墓下方约20米处，为一天然石洞，传说是邓禹的起居室，因此有邓真君石室之称。洞内面积约10平方米，供邓仙真石造像一尊和一个石臼。

攀紫阳峰顶向西北折下约20米，另有一天然石洞曰石床洞，又叫"邓仙洞"，面积约10平方米。洞内北侧靠石岩一面壁上刻有"邓真君"三字，下有一不规则长方形大石块，状似天然形成的石床。石床南侧有五个天然形成的"水滴石穿"洞眼。据传，邓仙真隐居时就在此石床上打坐歇息。

嵩山岩塔

嵩山岩塔

　　嵩山岩塔原名"普陀佛塔",位于南昌市南昌县冈上镇兴农村,为南昌市文物保护单位。建于明嘉靖五年(1526),是一座七层仿楼阁式石塔。该塔坐西面东,平面呈八角形,占地面积29平方米,塔高约5米,有半层塔基、七层塔身(含七层塔檐),另加塔顶和葫芦形塔刹。塔的每层由一整块红砂岩雕刻构筑而成,每层塔身阴刻有佛名或经文或佛龛,素面塔檐向上的八个面中间均凿一马蹄窝,尤具特色。一层塔身部分阴刻"嵩山岩塔引",详细介绍了建造该塔的经过和移塔起因。

柘流桥

柘流桥

柘流桥位于南昌市湾里区罗亭镇上坂村曹家自然村,为南昌市文物保护单位。此桥始建于北宋仁宗庆历年间,明天启甲子年（1624）重建。两墩三拱,全部石构。桥长13米、宽1.5米,东西走向。桥面由几块长条形大麻石铺就,桥面石阴刻"大明天启甲子年重修吉旦"字样。桥面距水面2.61米,桥下两墩用九层大块麻石砌筑,南北两侧做成尖状避水脊头,桥墩基础底部雕凿凹槽,倒扣在河中怪石尖上。

妙济桥

妙济桥位于南昌市湾里区招贤镇东源村，桥名取道教"神功妙济"之意，为南昌市文物保护单位。始建于清嘉庆丁丑年（1817），桥碑上刻着"嘉庆丁丑""秋月吉旦"等字样。此桥为单孔石拱桥，桥栏共有十二根石柱，每根柱头顶端各雕刻一只狮子，形态各异，栩栩如生。此桥初建时不以通行为主要目的，而是一座风水桥。妙济桥是目前南昌市范围内保存最完好的一座古桥。

妙济桥

文峰塔

文峰塔位于南昌市安义县城文峰公园内,为南昌市文物保护单位。此塔始建于明崇祯三年(1630),续建于清雍正十三年(1734),为楼阁式六棱七级砖木结构古塔。通高23米,塔形如笔,由塔顶、塔身、塔基组成。塔基由青砖砌就,塔身七层,每层外形为下大上小的六棱锥体,塔顶呈六攒形,盖灰色土瓦,顶刹由铁铸造,呈葫芦状。

文峰塔

世德传芳坊

世德传芳坊位于南昌市进贤县文港镇瓮门村南，为南昌市文物保护单位。此坊建于明代，通高7.3米，面阔8.77米。是一座三间四柱三重檐式牌坊。坊柱、梁、坊上雕刻人物、动物、花卉和几何图案，均为明末原件，三层重檐系清末和民国时期重修。坊中阳刻"世德传芳"，其石梁上另有竖写阳刻"泽茹耕云"四字。

世德传芳坊

下徐牌坊

下徐牌坊

　　下徐牌坊位于南昌市安义县东阳镇下徐村五显殿内，为南昌市文物保护单位。此坊始建于明崇祯十五年（1642），坐北朝南，由坊顶、坊身、坊柱三部分组成，坊高6.58米，宽7.75米，由花岗石和石英石建造而成。整个牌坊镌刻着各种图案，形象生动，线条流畅。牌坊中间镌刻"吉祥福地"四字，石柱上镌刻大字楹联，字迹清晰，稍前停着一对庞大青石狮子。

石门坊

石门坊

　　石门坊位于南昌市南昌县三江镇竹山村韶李自然村，为南昌市文物保护单位。该坊建于明代，坐北朝南，建筑面积18平方米，原为一栋古建筑的大门部分。石门坊为两层楼阁式，左右边墙呈八字形。红石立柱，柱上部均雕刻几何图案，中门上部正中镶嵌"刺史流芳"红石匾额，右列竖刻"赐进士南直督学御史行素饶位书"，左列竖刻"万历己亥冬吉旦玄孙犹道等重立"。该建筑砖拱挑檐叠涩，石刻云龙及人物图案栩栩如生，是研究明代晚期牌楼建造艺术的宝贵实物资料。

秀峰桥

秀峰桥位于南昌市南昌县三江镇山下村城岗岭下，为南昌市文物保护单位。建于明代，全长30米，宽4米，呈东南至西北走向。桥体用大块花岗岩石起券造成桥拱，桥面中间直铺三列长条花岗岩石，两侧横铺条石，桥面两边用长条花岗岩石制成护栏。中间两桥墩分别用大块花岗岩石在迎水流方向砌成稍上翘的尖状（俗称"分水墩"，又叫"脊头"），以减少水流对桥墩的冲击力，分水墩低于桥面1.7米。

秀峰桥

清远渡石桥

清远渡石桥

　　清远渡石桥位于南昌市进贤县李渡镇鉴良村委会柳下村古清远渡抚河汊道上，为南昌市文物保护单位。建于明末清初，东西走向，由桥墩与桥两端填土引桥合并而成。桥长 33.5 米，宽 2.8 米。桥呈燕嘴式尖头墩平面，桥面由七路青麻石分五节铺成，六墩五孔，孔距 3.92 米；除西面桥墩宽 8.6 米以外，其余五墩均宽 3.6 米。据说原计划所有桥墩都是 8.6 米宽，但由于施工过程中朝廷工部郎中不来亲自督看，造桥官员为偷工减料，便将其余五墩全部缩短 5 米。古代贪官在建桥过程中耍的一场把戏，造成了该桥独特的形状。

邓家牌坊

邓家牌坊位于南昌市安义县石鼻镇邓家村，为南昌市文物保护单位。此坊建于清道光辛丑年（1841），坐北朝南，坊高7.1米，宽6.3米，是一处四柱三门三重檐式石质仿木建筑。整座石坊由坊顶、坊身、坊柱、坊基四部分组成，正面下额刻有"邓沐焕之妻黄氏贞节之坊"，正楼为单檐殿式悬山顶。

邓家牌坊

贞寿牌楼屋

贞寿牌楼屋

贞寿牌楼屋位于南昌市安义县石鼻镇燕房安家自然村,为南昌市文物保护单位。此屋坐北朝南,面阔13.65米,进深20.4米,占地面积278.46平方米,建于清道光二十五年(1845),是朝廷为旌表儒林郎安际进之妻胡氏安人101岁寿辰而建。牌楼与宅第相连,立于房屋正面墙体的正中位置,明间设置为房屋的大门,左右次间均用砖砌蔽。牌楼为三间四柱五楼式结构,采用花岗岩与青石为建筑材料,通高6.6米,面宽5.9米,三级斗拱式仿庑殿顶。房屋为一幢两进结构,穿斗式硬山顶大木构架。贞寿牌楼屋建筑工艺精湛且风格独特,牌楼与古屋完美结合,可谓少有的古建精品。

珠子塔(清)

珠子塔(清)位于南昌市南昌县三江镇南街后村,为南昌市文物保护单位,是清代早期当地村民因镇水而建。该塔占地面积6平方米,五级六方,青砖构筑。塔檐为叠涩砌法,六翘角,每翘角下均挂铜铃,塔内每层均置青石板为隔层。珠子塔为研究清代早期的南昌民俗文化和建塔艺术提供了宝贵的实物资料。

珠子塔(清)

定山桥

定山桥位于南昌市青云谱区青云谱道院西南入口处，是连接梅湖两岸的交通要津，为南昌市文物保护单位。始建于西汉年间，最初称"陈家桥"，后因地处定山，故又名"定山桥"，是南昌市有据可考修建最早的一座古石桥。定山桥于清乾隆年间（1735—1795）重修，总长16米，宽3.1米，制式为两墩三孔拱桥。整座桥体由花岗岩砌筑，可载重15吨。此桥沿用至今，属青云谱外十景"五里三桥"之一。

定山桥

乌龙桥

乌龙桥

乌龙桥位于南昌市新建区生米镇文青村，为南昌市文物保护单位。建于清代中晚期，南北走向，两墩三拱。桥长20米，宽1.5米，桥墩用红砂岩砌筑，桥面为三条花岗岩条石并列铺就。桥墩迎水面为尖状避水脊头，可起到分水作用，减少水流对桥墩的冲击力，避水脊头最高点略高于桥面，形似现代船舶的船头。在桥面内侧面刻有"乌龙桥，光绪丙午"的字样。

乌龙桥桥墩

原本堂

原本堂

原本堂天井

    原本堂位于南昌市南昌县武阳镇郭上村钟家自然村，为南昌市文物保护单位。始建于唐代，现建筑为民国三年（1914）重建，坐北朝南，呈长方形，建筑面积832平方米。内部主体为抬梁穿斗式木构构架，面阔三间，共四进。外墙青灰砖砌，砖体上阴模"原本堂"。三层牌坊式大门为红石立柱，门上匾额中刻"钟氏宗祠"。二进中门上方嵌石刻"原本堂"匾额，大门门坊和内部木雕、石雕非常精美，是研究江南地区祠堂建筑的重要实物资料。

石埭安源桥

石埭安源桥位于南昌市新建区西山镇石埭村安源熊家自然村,为新建区文物保护单位。该桥建于明崇祯十七年(1644),是一座单孔石拱桥,由红石与花岗岩砌筑,南北走向。桥面长22.5米,宽2.6米,距水面5米。桥面条石阴刻"古迹通仙桥""安源桥""明崇祯十七年建""清康熙二十五年修、咸丰十年重建"等文字。该桥采用拱券式建造的工程技术,桥身犹如拱月,设计精巧,为研究古代桥梁建筑历史提供了重要的实物资料。

石埭安源桥

砀山桥

砀山桥

　　砀山桥位于南昌市安义县石鼻镇砀山村北约 100 米，为安义县文物保护单位。建于明代，俗名滚龙桥，后因红军经安义向奉新、靖安进军途中路过此桥，所以又被当地老百姓称为红军桥。砀山桥属坡度弧形、单孔半圆石拱桥，东西走向，由长方形花岗条石错位砌建。桥长 9 米，总跨度为 16 米，桥拱跨度为 6.5 米，桥面宽 3.4 米，桥拱中心点离水面 1.9 米。两头桥面略宽，对外呈八字形，依斜坡形而上，至中间位置桥面平整。该桥形制古朴、造型雅致，对研究古代桥梁建筑艺术具有重要的参考价值。

万村古建筑群

万村古建筑群位于南昌市南昌县三江镇三江村前、后万自然村，为明清古建筑、南昌县文物保护单位。现存61幢古建筑，均系砖

万村古建筑群远景

万村古建筑群一角

木石结构，外墙下砌花岗岩石，上砌青灰色斗砖，室内铺青石地面，内部为木构架，梁柱粗大，梁檩均为双合梁，雕刻明窗，宅内布局一般为一、二进，厅堂侧舍，因地取势，布局合理，高大宏明。幢与幢之间巷道规划整齐，水道畅通，房室栉比鳞次，高低有序。

欧阳村"善庆重光"坊

"善庆重光"坊位于南昌市新建区石埠乡龙岗村欧阳田垅自然村,为新建区文物保护单位。建于明万历十四年(1586),坐南朝北,宽

欧阳村"善庆重光"坊

坊上石雕

12米，高3.5米，四柱三间三楼。牌坊石雕中间镶嵌青石匾，正面刻"善庆重光"四字，背面刻"旌義"二字。右下方写有"景泰年敕旌欧阳则安尚义之家"，左下方写有"万历十四年仲春吉旦六世孙立"。青石匾的四周是红石雕刻，有龙、鹿、狮、羊、鲤鱼、松、鹤、麒麟、荷花、荷叶、如意等图案。石匾周边的雕刻是祥云，顶上雕一条张牙舞爪、口吐长舌的龙。

双节坊

双节坊位于南昌市南昌县三江镇后万村，为南昌县文物保护单位。该坊淡绿黄石质，五披垛，三门四柱，高8米，宽6米，内连坊宅，面积约40平方米。上枋嵌"圣旨"二字，下嵌横匾"心绩双清"，下横额镌"万启培之配，万启奎之配"十字。中柱镌双联"贞心合受芝纶笼""劲节同邀绰楔荣"。侧柱镌双联"志矢靡他 彤史联书双节传""名垂不朽 清操应荷九重旌"。据《万氏十三修族谱》贞烈传载：受旌表者刘氏和王氏。

双节坊顶部刻字　　　　　　　镂雕官宦出巡图

双节坊

"松节劲苍"贞节坊

"松节劲苍"贞节坊位于南昌市新建区金桥乡大观村,为新建区文物保护单位。该坊建于清代,坐西朝东,由花岗岩石与青石构成,面宽5.9

"松节劲苍"贞节坊

米，高 3.9 米，四柱三间式，四柱柱头高出横枋。柱头上设蹲兽，造型古怪，形态奇特。正面中间镶嵌"松节劲苍"青石匾额，反面阴刻"旌表儒生万今晨之妻涂氏节孝坊"字样。贞节坊东五百米有牌坊主人墓，碑文记载了墓主人的生平。

贞节牌坊屋

贞节牌坊屋位于南昌市南昌县幽兰镇牌坊村，为南昌县文物保护单位。此坊屋建于清代中晚期，坐北朝南，砖木石结构，占地面积218平方米。贞节牌坊为石制，四柱三间五楼式，四柱均为方形（磨角）红砂岩，柱下垫有雕花石础。四柱间均置三层红砂岩石坊，石

贞节牌坊屋

贞节牌坊屋石雕

坊上雕刻人物、花卉、动物或几何图案。两中柱间另筑红砂岩门框,门框上部左右各置雀替,下部设门槛,中柱与边柱中间均砌青灰色砖。牌坊中部最上方的石坊阴刻"圣旨"二字,二层石坊阴刻"彤管扬芬"四字,石坊中间阴刻"奉旨旌表例授中书科中书熊淇澳之妻李氏节孝坊"。牌坊后连民宅,为两进一天井穿斗式木构建筑。

贞节牌坊屋石雕

印背村门楼群

印背村门楼群位于南昌市安义县东阳镇云溪印背村,为安义县文物保护单位。主体建筑坐南朝北,长31.59米,宽4.46米,占地面积140.89平方米,由总门楼、侧门楼、耳门楼、内门楼、花门楼、影壁组合而成,以围墙相连,将整个村庄围护其中。总门楼始建于明代,清道光二十年(1840)重建,五间四柱五楼式

印背村门楼

总门坊　　　　　　　　　　　　　　　　　侧门楼

结构，高5.8米，面宽10米。总门坊由坊顶、坊身、坊柱、坊基四部分组成，柱、枋、磉礅采用祭红石为建筑材料，柱枋上雕刻各式精美图案；坊顶青瓦覆盖，瓦脊正中置有宝瓶，门楼额枋之上镶嵌有"云溪世第"青石匾额。侧门楼为单间三楼式结构，左右次间向外呈八字形，门额上嵌有"进士第"青石额匾。

"瑞霭春云"民居

"瑞霭春云"民居

"瑞霭春云"木雕

"瑞霭春云"民居位于南昌市新建区松湖镇南湾村,为新建区文物保护单位。建于清咸丰元年(1851),坐北朝南,砖木结构,面宽31米,进深26.4米,总面积800多平方米。正门上方阴刻"瑞霭春云"四字,穿斗式木构架,三进两层二天井。该民居最具特点的是花窗木雕,惟妙惟肖,上面雕刻的牛、马、蜻蜓、蝴蝶等动物栩栩如生,且每幅木雕下方均有作者落款。

文港毛笔作坊

　　文港毛笔作坊包括周虎臣与邹紫光阁毛笔作坊，分别位于南昌市进贤县文港镇周坊村与前塘村，为进贤县文物保护单位。周坊、前塘是华夏传统毛笔制作的古村，有一千多年的制笔史，共保留8000多平方米的历史建筑，周虎臣与邹紫光阁毛笔作坊就在其中。周虎臣毛笔作坊相对集中于周坊村北面两巷夹道中，大多建于明末清初，分别由"汝南世家""太极呈图""汝州后裔""泽承丰镐""光映玉堂""岐山耸翠""汝南望重"等三院六屋组成。邹紫光阁毛笔作坊位于前塘村正中及东北面，坐北朝南，始建于清代咸丰年间，

周坊毛笔古村落

民国再建，共 8 幢。周坊、前塘两村至今仍为中国最大的传统毛笔制作地，也是中国毛笔物质与非物质双重文化遗产地。

汝南世家庭院门楼

古遗址

李渡烧酒作坊遗址

李渡烧酒作坊遗址位于南昌市进贤县李渡镇老街区,为元、明、清烧酒作坊遗址。总面积约15000平方米,先后被评为"全国十大考

李渡烧酒作坊遗址

李渡烧酒作坊遗址

古新发现"、全国重点文物保护单位。发掘后的遗迹包括水井、炉灶、晾堂、酒窖、蒸馏设施、水沟、墙基等，另外还出土了350件盏、盅、靶杯、压手杯等酒器。

李渡烧酒作坊遗址是目前我国发现的时间最早、遗迹最全、遗物最多、延续时间最长的古代烧酒作坊遗存，对研究中国白酒文化史具有重要意义。

南昌汉代海昏侯国遗址

南昌汉代海昏侯国遗址为全国重点文物保护单位，包括海昏侯墓园、紫金城遗址和铁河古墓群三个部分。

南昌西汉海昏侯墓园位于新建区大塘坪乡观西村墎墩山上，是汉代海昏侯国第一代海昏侯刘贺的墓葬地，也是我国迄今发现保存最完好、布局最清晰、结构最完整、出土文物最丰富、拥有最完备祭祀体系的西汉列侯墓园，被评选为"2015年度全

墎墩山海昏侯墓园全景

国十大考古新发现"。

紫金城城址位于新建区铁河乡陶家村西北约 1000 米处，东临赣江，北依鄱阳湖，总面积约 3.6 平方公里。古城址平面总体呈方形，分外城和内城，外城长约 2 公里、宽约 1.7 公里，有四座城门（含水门），北面还有"瓮城"，城墙外有环绕的护城河，护城河与城内水路相通，可达鄱阳湖；内城平面呈长方形，城区东部为宫殿区，面积约 12 万平方米（约 20 亩）。城墙由黄土堆积而成，高约 3 米，宽约 5 米，断面呈梯形。据考证，该古城址为汉代海昏侯的国都。

铁河古墓群位于紫金城城址南侧，为南昌汉代海昏侯家族墓地。有大小汉代古墓近百座。古墓群四周有人工开挖的水沟环绕。墓葬群呈四级阶梯排列，从外向内、从低向高墓葬规模逐渐增大，最高处为主墓，封丘直径超过 30 米以上的有三处。

紫金城遗址

海昏侯墓出土的马蹄金

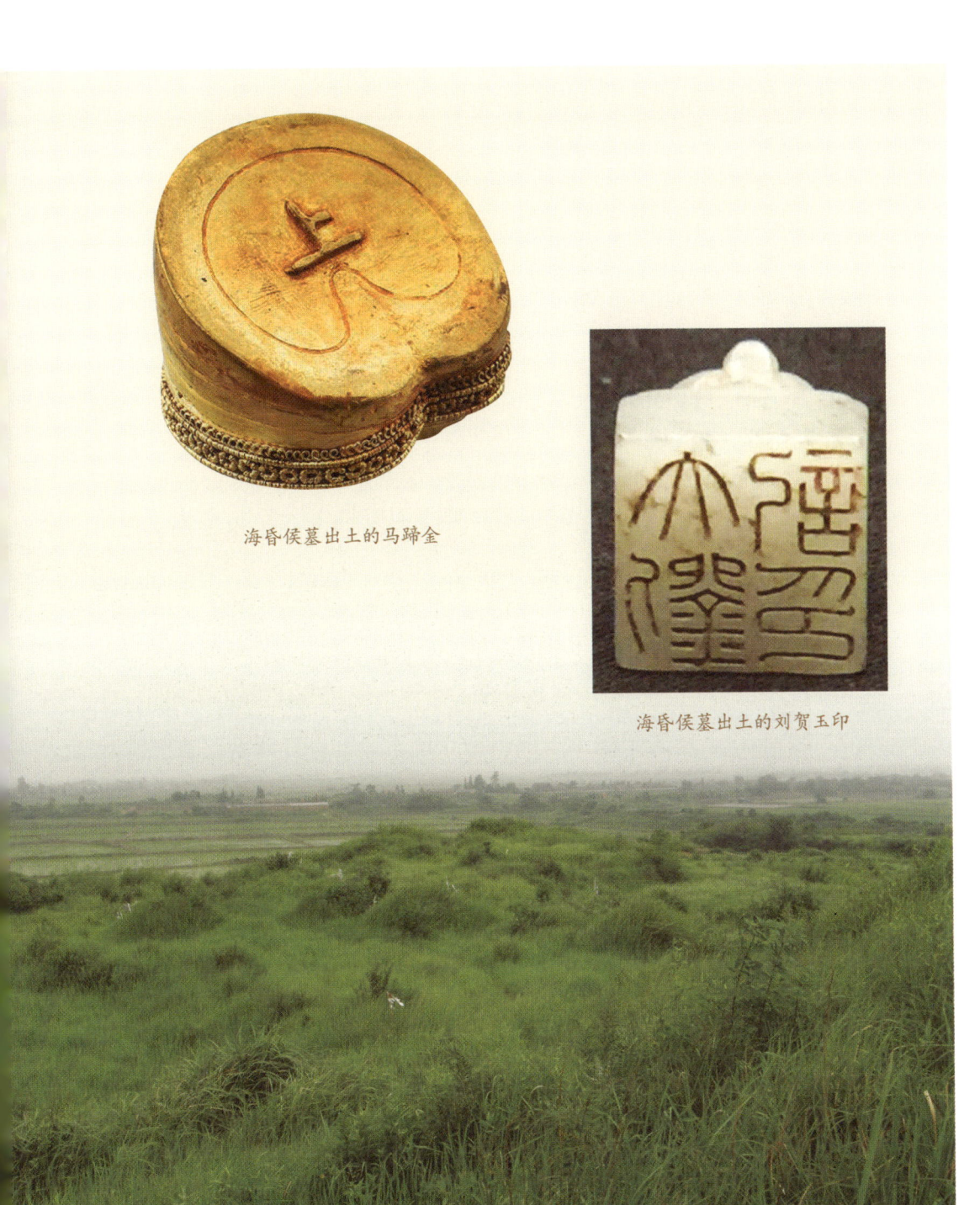

海昏侯墓出土的刘贺玉印

铁河古墓群

三国孙虑城遗址

三国孙虑城遗址位于南昌市安义县东阳镇徐埠村北,为江西省文物保护单位。三国东吴黄武七年(228),吴王孙权封其二子孙虑为建昌侯;孙虑在封地垒土筑城,故名孙虑城。该城址为长

三国孙虑城遗址

方形，南北长385米，东西宽308米，总面积约118580平方米。城墙为红壤土夯筑，平均高约9米，最高处约12米，有东、西、南、北四个城门，城门宽为8米左右。城内东、西两侧比较平坦，地面遗存有陶质瓦当、盖瓦、板瓦碎片，是城内房舍殿堂之遗存。

香城寺遗址

香城寺遗址位于南昌市湾里区招贤镇红星村（香城林场），为湾里区文物保护单位。遗址坐北朝南，总体为东西横向分布，面积约6000平方米。香城寺始建于晋朝隆安年间（397—401），抗日战争期间被日军烧毁。现遗存有西面、北面围墙，南面有块

香城寺石台基和古井

香城寺清代单拱石桥

石护坡台基和一口明代方形水井；寺庙以南有通到山下的麻石板小路，总长约 1000 米。小路中段有清代建造的单拱麻石桥，并有摩崖石刻两块，一为"且喜到来"，另一块隐约可见"音莲当湛"等二十个字。香城寺遗址对研究佛教在南昌的传播、发展有重要的意义，也是研究南昌地区寺院文化的重要实物资料。

法雨寺遗址

　　法雨寺遗址位于南昌市湾里区招贤镇红星村（香城林场）约1公里的后山上，为湾里区文物保护单位。始建于唐，占地面积约6200平方米。残见有四层房址台地，最上一层台地

法雨寺山门遗址

中间保留了一座坐北朝南的石山门。山门长11米、宽4米、高5米，中间嵌有匾额，隐约可见有"法雨寺"三字痕迹。寺的门前有石台阶约10米。法雨寺遗址是目前南昌地区已知的占地面积最大的古代寺庙遗址，对研究南昌地区唐以后寺庙的发展、演变历史有重要的参考价值。

白崖山红石场遗址

白崖山红石场遗址位于南昌市进贤县三里乡白崖山村。该石场自宋代开始开采，现存遗址基本呈西南至东北走向，长1900米，宽100米—700米不等，深多在10米—30米之间，北部最深处可达100米，有"四两黄丝打不到底"

的传说。现存六十多个不同时期的采石场，目前均被水淹没，变为一处上千亩面积的石窟水塘。水塘范围内有历史上采石留下的石壁沟，并形成多处小岛。白崖山红石场遗址以上千年的历史、上千亩的面积、上千万立方米的取石量而形成如今独特的文化景观，具有较高的科学、历史价值。

白崖山红石场遗址

凤鸡山红石场遗址

凤鸡山红石场遗址位于南昌市新建区南矶乡凤鸡山，为新建区文物保护单位。遗址地处鄱阳湖中，开采年代始于明代。遗址基本呈东西走向，长1200米，宽200米—600米不等，最高处达30余米，面积约60万平

凤鸡山红石场遗址

方米，其中包括由五十多个不同时期的采石场经过几百年的开采而形成的一处千余亩石窟水塘。该处红石与其他地方石料相比，石质较硬，粉状颗粒较细，适宜雕刻装饰构件。据文献记载，历史上南昌万寿宫、佑民寺、汪山土库等著名建筑所使用的红石大多出于此地。

南矶山藏兵洞

南矶山藏兵洞位于南昌市新建区南矶乡红卫村，为新建区文物保护单位。1363年，朱元璋与陈友谅在鄱阳湖交战时曾屯兵于此。该遗址为一个长2公里、宽80厘米—100厘米、高2米的山洞。洞有进口和出口，洞口为椭圆形，高2米。"文

南矶山藏兵洞出土铜锅

南矶山藏兵洞远景

化大革命"以前，洞中有石凳、石桌、石椅、石床等。遗址东面出土了战时留下的行军青铜锅，重达32公斤。遗址北边有一处"万人坑"，埋葬着朱元璋与陈友谅交战时战死的将士，现仍可见尸骨。

南矶山藏兵洞洞口

铜源峡水碓群

铜源峡水碓群

铜源峡水碓水车

　　铜源峡水碓群位于南昌市新建区望城镇幸福村铜源峡谷中，为新建区文物保护单位。始建于明代，现存21座水碓，每座水碓主要由水渠、水车、工作室三部分组成。水渠一般长3米—5米，宽1.2米，四周用石块垒墙。水车为圆形，原为木质，后改为铁质，直径1.5米；工作室原为青石墙、稻草房顶，现顶改为木梁青瓦。每个工作室内有石臼两个、石砧两块。该处水碓依靠水流的冲击力推动水车转动并带动屋内的两个石锤，主要功能是对竹、木原材进行加工，制作庙香、蚊香的原料。相当长一段时间，该地水碓加工行业一直很发达，后逐渐废弃。

安义古道（牛渡岭惜字塔）

安义古道

安义古道位于南昌市安义县石鼻镇向坊村后梅岭山牛渡岭上。明弘治十六年（1503）铺设花岗岩石，清顺治十一年（1654）重修。古道全程十五里（现保存4公里），宽2.2米，由花岗岩石及少部分霁红石铺垫而成，沿途建有憩云亭、惜字塔、万福寺（现存遗址）、四角亭。

惜字塔建于清同治十三年（1874），坐东朝西，三级六棱型砖石结构，通高3.9米，占地面积3.12平方米。整座塔由塔基、塔身、塔顶组成，外形轮廓由下至上逐层收缩，且塔层之间以花岗岩石檐相隔，一层正面墙体下方开有焚字炉口。在塔的西北方3米处遗留有两块旗杆石，当时用于悬挂天灯为过路客商夜间通行照路。惜字塔是古代科举制度影响下形成的特殊建筑，用于烧毁书有文字的纸张，体现了古人"敬惜字纸"的理念。其独特的造型风格和营造手法，对研究古代江南小型塔建筑具有重要的参考价值。

牛渡岭惜字塔

憩云亭

介岗八大山人出家地建筑遗址

介岗八大山人出家地建筑遗址位于南昌市南昌县黄马乡界岗村，为南昌县文物保护单位。清军进入南昌后，八大山人来到介岗灯社鹤林寺正式出家为僧，在此安静地生活了大约十六年，至1666年才离开介岗到奉新耕香院接任住持。八大山人在介岗期间创作了《传綮写生册》等大量书画作品。

遗址分为"鹤林寺遗址"和"灯社遗址"两部分。"鹤

灯社遗址

鹤林寺遗址

林寺遗址"南侧存有山门残墙一堵。残墙后面约20米的东面尚存清代乾隆年间的大殿残墙一堵。

"灯社遗址"在"鹤林寺遗址"东北方向约200米处，面积约1800平方米，地下仍隐约可见残砖碎瓦。

山东曹家古窑址

山东曹家古窑址

　　山东曹家古窑址位于南昌市进贤县罗溪镇山东曹家村，为进贤县文物保护单位。该处共有清代陶窑七座，占地面积2100平方米。该窑陶器属于上等陶品，陶器制作一直延续至改革开放初期。各窑形状大小基本一致，为马蹄形，由不规则的青石砌成，外直径10米—12米，内半径1.5米—2米，通高约3米。每窑有南北两门，南门仅供煤及煤渣进出，北门专供陶器入出。烟囱置于窑顶，窑内空间相对较小，天穹形，分上下两层，上为器物层，下为火坑层，内部全被熏黑。

古墓葬

朱权墓与乐安王墓

朱权墓与乐安王墓为全国重点文物保护单位。

朱权墓位于新建区石埠乡璜源村猴岭,坐西向东,长31.7米,宽21.45米,高4.5米,青砖砌券棚式仰顶,内有六个墓室,墓前存有一对刻满符箓和志文的石华

朱权墓墓室

朱权墓棺床

表。1958年发掘时出土有金钗、银挖耳、玉带、倒冠、铜器、木俑和陶器等。墓主朱权（1378—1448）是明代开国皇帝朱元璋第十六子，洪武二十七年（1394）被封为宁王，封地在大宁，永乐元年（1403）改封为南昌。死于1448年，葬于缑岭山。

乐安王墓后室棺床

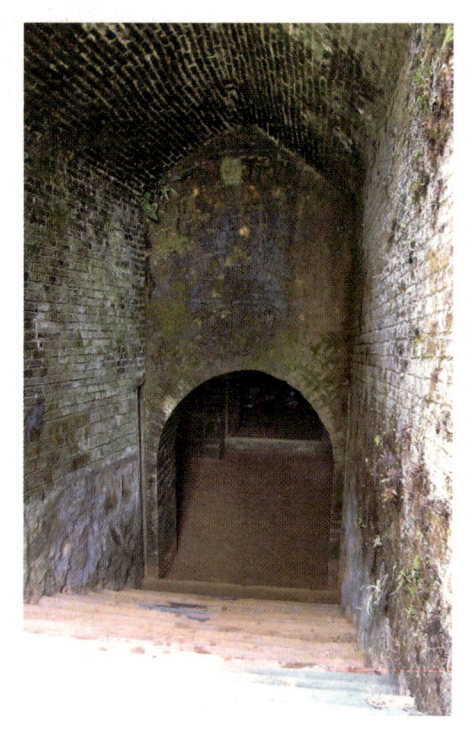

乐安王墓甬道

乐安王墓位于新建区望城镇花联村花坑山，总体建筑风格与朱权墓类似，坐西朝东，长19.83米，宽5.35米，高4.13米。王墓分前、后室，室下部用红砂岩垒筑成"金刚墙"，青砖砌券棚式仰顶。该墓于1987年被盗，追回文物有金香囊、银器、铜器、玉器、陶器等。墓主朱奠垒（1426—1488）为宁献王之孙，宁惠王朱磐烒第三子。生于明宣德元年（1426），正统七年（1442）封镇国将军，景泰三年（1452）封乐安昭定王。

三国东吴墓

三国东吴墓位于南昌小兰经济开发区，为江西省文物保护单位。该墓坐北朝南，墓室面积 54.43 平方米，占地面积（含封土丘）177.8 平方米，内高 5.25 米，为攒尖顶式藻井砖石结构墓。分中室、前、后室和东、西室，西室后另有一全封闭小耳室，铺地砖

三国东吴墓

为"人"字形排列。该墓早年曾经被盗,在小耳室内清理出青瓷四系罐、青瓷盘口壶等23件完整的文物。根据墓葬形制和出土文物,此墓应是当时的一位高级军事将领的墓葬,为研究三国时期的贵族墓葬的形制和埋葬习俗提供了宝贵的实物资料。

三国东吴墓

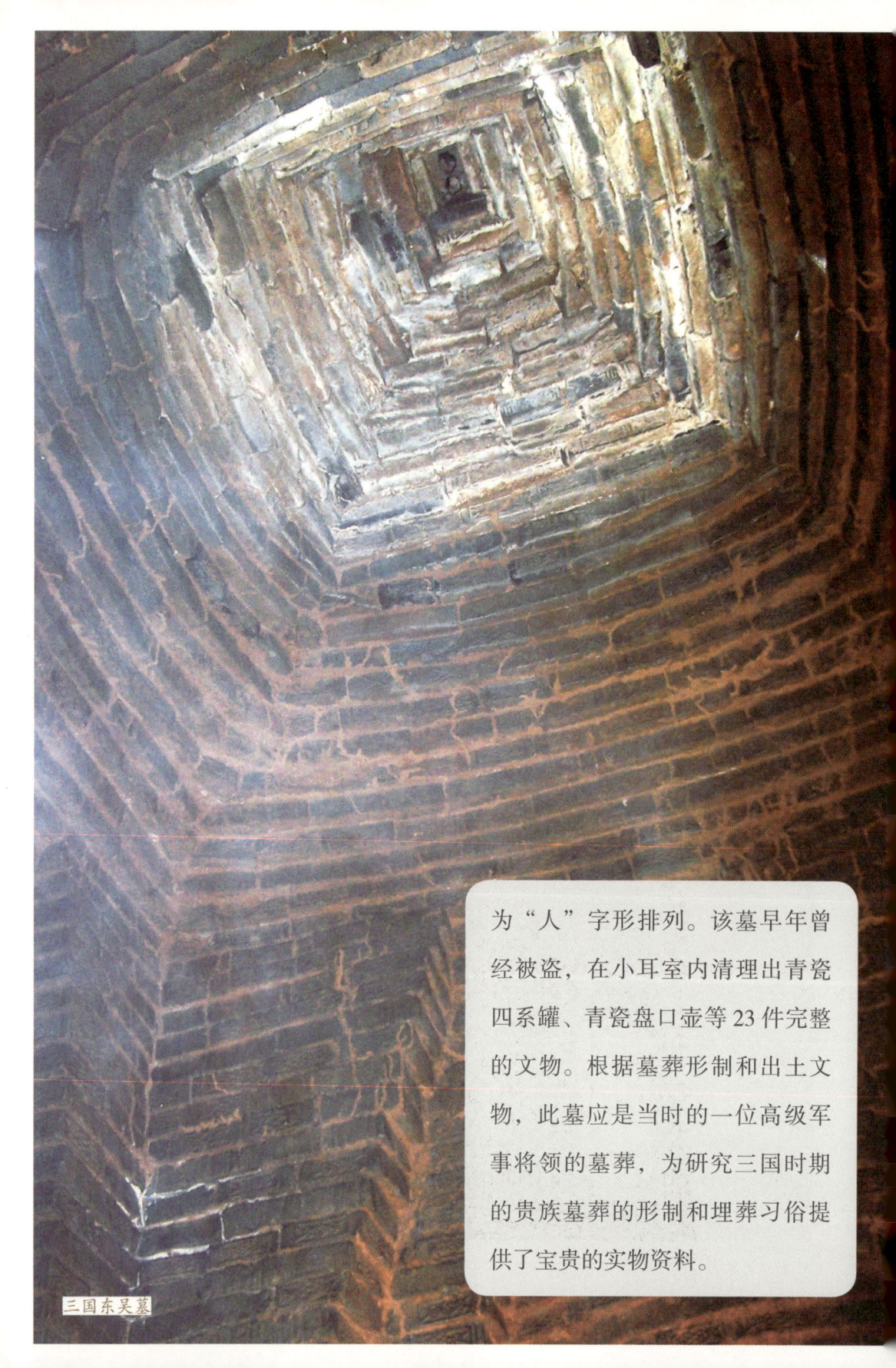

魏松山墓

魏松山墓

魏松山墓位于南昌市安义县鼎湖镇戴坊桥头魏村东侧的乌江山上,为南昌市文物保护单位。该墓建于明万历三十五年(1608),墓主系当地善士魏松山。墓葬坐东朝西,长约11米,宽约5米,依次排列有亭坊、石柱、拜石、墓包、祭碑等。亭坊为三门四柱单贴式,长3.6米,通高2.45米,全部以花岗岩制作。中门穿枋有阴文,正面为"善士亭",背面为"魏松山亭记",并有一行纪年小字。此亭坊造型简练朴实,线条粗犷有力,属典型的明代民间建筑风格。

英山石塔墓

英山石塔墓位于南昌市新建区西山镇石埂村英山熊家自然村，为新建区文物保护单位。该墓建于明代，红砂岩围砌，系夫妻合

英山石塔墓

英山石塔墓近景

葬墓。墓葬坐南朝北，呈圆宝塔形，墓长6.5米（墓前台阶至后围墙），纵深3.5米，通高2.2米，分七级，每级高18厘米—22厘米，塔顶高70厘米，塔底直径4.3米，塔上部直径1.3米，塔顶底部直径60厘米。该墓造型独特，为南昌地区鲜见。

尼姑山塔墓群

尼姑山塔墓群位于南昌市湾里区招贤镇卫东村忠庄自然村尼姑山上，为湾里区文物保护单位。墓群共由九座墓冢组成，葬有两位师太、八位住持（其中5号墓合葬了两位住持）。墓葬均坐西面东，无墓冢，形制基本相同：墓前砌敞开式石围栏，围栏后为一圆

尼姑山塔墓群

尼姑山4号墓

形（或六角形）空地，空地正中立一石砌佛塔，塔后立有盖檐墓碑，墓碑两侧另立石刻楹联。1号墓为清康熙三十三年（1694）的法然老师太（云岩寺的第一任住持）墓，9号墓为清道光六年（1826）的住持墓，其余墓葬在此两个年代之间。

皇姑墓

皇姑墓

皇姑墓位于湾里区太平乡合水村，为南昌市文物保护单位。建于清乾隆三十九年（1774），为清代名臣、文学家裘曰修与其夫人熊氏合葬墓。该墓坐西向东，墓前有石阶一百余级，俗称"百步金阶"。并有四柱石牌坊、两对化表，两旁林立着一对对乌龟、石羊、石狮、石马、翁仲。翁仲比人稍高，着清朝官服。墓前有一个石柱围栏的祭台。裘曰修夫人熊月英是一位有着传奇色彩的女性，因被皇太后认作义女，后人称其为"皇姑"。因此，她和丈夫的合葬墓冢也被称为"皇姑墓"。

石刻

新庵里摩岩石刻

新庵里摩岩石刻位于南昌市新建区石埠乡新庵里村，为江西省文物保护单位。石刻制作于元代，花岗岩质，高4.2米，宽2.5米，厚约2米，面积8平方米。石刻背靠大山，坐北朝南，阴刻楷体汉字。刻字从右到左，自上而下，共

新庵里摩岩石刻

16列，计519个字，记载了朱思本和江西行中书省平章政事李世安两人主盟"募道修造"万寿宫的史实。朱思本是元代著名的地理学家，其所创的"开方计里"之法为中国首创，在中国地图绘制史上有着划时代意义。该石刻为研究朱思本的历史行迹和江西历史文化提供了实物资料。

洪崖石刻

洪崖石刻位于南昌市湾里区洪崖丹井景区的峭绝崖壁上，为江西省文物保护单位。东岩石壁上，刻有"洪崖"两个古朴苍劲的大字，右侧刻"清康熙丙辰年九月下浣"，左侧刻"笑堂白书"。不远处还有一副对联，为闽长溪游起

洪崖石刻

南题刻："两峡悬流联瀑布，一泓活水出洪崖。"在"洪崖"刻字左边约2米处还有"海陵周次张、龚中、邨枚惟，以淳熙乙巳冬十一月三日，携樽访药臼，徘徊不觉暮矣。曝西日，掬清泉，相与乐而忘归。次张誌"的叙事题刻。另外，在叙事题刻北侧约10米的一块高处石壁上还有两个篆体横排题刻，每字一尺见方，字迹不清，亦无落款和年号。

留元刚摩崖石刻

　　留元刚摩崖石刻，又名元公碑，位于南昌市湾里区招贤镇红星村香城自然村山间田垅中，为南昌市文物保护单位。石刻为一整块花岗岩巨石，坡面斜高3.12米（垂直高度2.5米），宽4.28米，外露部分岩石厚约2.9米。石刻制作于南宋，内容为南宋名人留元刚五言诗一首，共阴刻楷书一百二十九字，除第一列字体较小

留元刚摩崖石刻侧看

外，其余每字大约十五厘米见方。全文为："文右史侍讲直院舍人留公诗翰：未行陶令里，盘自惯舁篮。米市呼干许，香城访晋昙。神游青黛岳，诗到碧云庵。不管冲寒去，乘风破晓岚。融结知何日，权舆属此年。通泓藏玉瓮，筑屋贮金仙。飞瀑四时雨，冲崖一缕烟。后来鸣屐者，输我着鞭先。留元刚将过庐阜，宿香城兰若独受戒坛，游碧云庵。嘉定十一年一月。十二年在闰三月丁巳。"

近现代重要史迹及代表性建筑

八一起义总指挥部旧址

八一起义总指挥部旧址位于南昌市中山路380号,为全国重点文物保护单位。建于1922年,原为江西大旅社,占地面积1200平方米,建筑

八一起义总指挥部旧址

八一起义总指挥部旧址内景

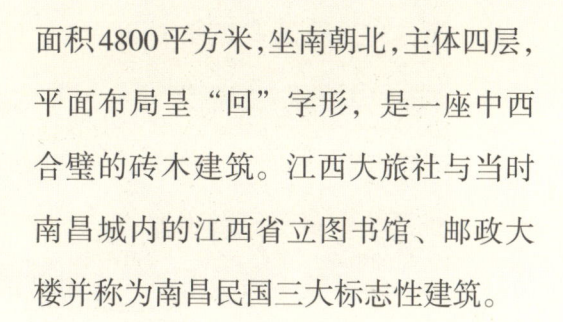

面积4800平方米,坐南朝北,主体四层,平面布局呈"回"字形,是一座中西合璧的砖木建筑。江西大旅社与当时南昌城内的江西省立图书馆、邮政大楼并称为南昌民国三大标志性建筑。

1927年7月下旬,参加南昌起义的部队以国民革命军第二十军第一师的名义将江西大旅社包租下来。7月27日,以周恩来为书记,李立三、恽代英、彭湃为委员的中国共产党前敌委员会在大旅社内宣告成立。8月1日凌晨2时,在中共前敌委员会领导下,起义军2万余人发动了震惊中外的南昌起义,打响了武装反抗国民党反动派的第一枪。

贺龙指挥部旧址

贺龙指挥部旧址位于南昌市子固路165号,为全国重点文物保护单位。建于1916年。占地面积1608.75平方米,建筑面积1849.65平方米,原为中华圣公会所在地,有前后2栋楼房,均为坐

贺龙指挥部旧址前门

东朝西、颇具西式风格的两层砖木结构小洋楼。

　　1927年7月下旬，贺龙率国民革命军第二十军从九江来到南昌参加武装起义，将指挥部设在这里。7月30日下午，贺龙在这里召开团以上军官会议，发布起义命令，下达作战任务。8月1日凌晨，贺龙、刘伯承、周逸群站在后院小楼前的台阶上亲自指挥攻打敌总指挥部的战斗。

贺龙指挥部旧址后院

朱德军官教育团旧址

朱德军官教育团旧址位于南昌市八一大道376号,为全国重点文物保护单位。占地面积2686平方米,建筑面积

朱德军官教育团旧址前门

朱德军官教育团旧址内景

1601.7平方米。旧址原为清朝末年江西陆军小学堂的一角,是一个坐北朝南、园林式砖木结构的平房院落。

1927年春,朱德在这里开办国民革命军第三军军官教育团,亲任团长,培养了大批有政治觉悟的军事干部。同年8月1日,在朱德领导下,军官教育团部分学员参加了南昌起义,成为起义军的一部分。

朱德旧居

朱德旧居前门

朱德旧居内景

　　朱德旧居位于南昌市花园角 2 号，为全国重点文物保护单位。建于二十世纪二十年代，为砖木结构的江南传统民居。坐西朝东，占地面积 468.76 平方米，建筑面积 776.7 平方米，两进两层两天井，穿斗式木梁架，中间为厅堂，南北两侧各有六间厢房。

　　1927 年初，朱德任国民革命军第三军军官教育团团长时包租了这栋房子，居住于此。1927 年 7 月 27 日，周恩来从武汉秘密来到南昌领导武装起义的第一天，便住在这所住宅的厅堂里。1927 年 3、4 月间，郭沫若曾在二楼的北侧厢房住过，并在此写下了著名的讨蒋檄文——《请看今日之蒋介石》。

叶挺指挥部旧址

叶挺指挥部旧址位于南昌市苏圃路1号南昌二中（原名心远中学）校园内，为全国重点文物保护单位。建于1925年，占地面积402.25平方米，原为当年熊育钖开办的心远大学教学楼。旧址坐北朝南，砖混结构，

叶挺指挥部旧址侧面图

叶挺指挥部旧址正面图

外墙为青砖绵砌的清水墙,屋面为"人"字梁结构,上铺传统小瓦,是一座平面布局对称的"工"字形两层楼房。

1927年7月下旬,叶挺率国民革命军第十一军第二十四师从九江来到南昌参加武装起义,将师部设在这里。7月30日下午,叶挺在这里召开全师营以上军官会议,传达中国共产党前敌委员会关于举行南昌起义的决定并布置了战斗任务。起义胜利后部队改编,叶挺任国民革命军第十一军军长,这里便成了第十一军指挥部。

南昌新四军军部旧址

南昌新四军军部旧址位于南昌市西湖区友竹路7号，为全国重点文物保护单位。占地面积3200平方米，建筑面积1600平方米。建于1915年，原为北洋军阀张勋公馆，包括两栋两层的楼房和一栋平房，属中西合璧式砖木结构建筑。主楼坐北朝南，四周回廊相连，六角亭遥相呼应，门、

南昌新四军军部旧址

窗和廊柱之间呈圆拱形。地下通风系统完整，排水系统构思巧妙，独具一格。在建筑装饰上有柱雕、砖雕和瓷板画，且保存完整，富有中国传统特色。

1938年1月6日，国民革命军新编第四军军部从汉口迁来南昌，在这里正式对外办公，并组织、指挥南方八省红军游击队改编为新四军，开赴华中抗日前线。

邓小平旧居与劳动车间

邓小平旧居与劳动车间分别位于南昌市新建区望城镇省庄村和南昌陆军学院内,为全国重点文物保护单位。"文化大革命"开始后,邓小平同志受到错误的批判和斗争,被撤销一切职务,于1969年10月至1973年2月下放到江西省新建县拖拉机修造厂劳动。邓小平旧居和劳动车间即是当年小平同志及其家人居住生活的地方和参加生产劳动的场所。

邓小平旧居

邓小平旧居为原南昌步兵学校校长楼，后为南昌陆军学院将军楼。小平同志及家人在新建县劳动三年期间一直在此居住。

邓小平劳动车间

邓小平劳动车间为原新建县拖拉机修造厂的一个机修车间，建于20世纪60年代。小平同志在新建县劳动期间，在该车间从事钳工工作。住所与车间之间相距1公里，小平同志每天从将军楼步行二十分钟来到车间劳动。小平同志每天步行上下班走过的小路就是著名的"小平小道"。

小平小道

令公庙

令公庙大门

　　令公庙位于南昌县塘南镇柘林街东端，为江西省文物保护单位。庙堂坐东朝西，占地面积815平方米，建筑面积470平方米。令公庙亦称张王庙，为祭祀唐睢阳令张巡而建。传说始建于宋，现院内庙堂和古戏台为清末建筑，东廊楼为民国建筑。庙堂为五柱三开间抬梁式木构建筑，正面为石牌坊，两侧各有石狮一尊；

古戏台平面呈"凸"字形，歇山顶，戏台正中上方为内凹式九级藻顶，台面高1.2米，底部用裸柱支撑。

1942年农历七月十八日，侵华日军在塘南进行了惨无人道的"三光大扫荡"，血洗柘林街。据不完全统计，被杀害的无辜群众达860多人，被烧毁的房屋723栋，被抢走财物不计其数。在令公庙大屠杀现场，仅有张桂娇母子因藏于戏台下而躲过劫难。令公庙是日本帝国主义侵略中国、大规模屠杀无辜民众的历史见证之一。

令公庙古戏台

松柏巷天主堂

松柏巷天主堂

松柏巷天主堂位于南昌市西湖区罗家塘82号（原为松柏巷57号），为江西省文物保护单位。由法国传教士孟德良于1922年主持建立，全名为"圣母无原罪堂"。始建时含附属建筑占地面积达10000平方米，后范围逐渐缩小，现占地面积约为2600平方米，其中教堂大楼建筑占地面积1363平方米。教堂大楼是一栋坐东朝西、独立存在的罗马式建筑，由门廊、大厅、祭台三部分组成。

江西省立图书馆旧址

江西省立图书馆旧址位于南昌市东湖区百花洲西南角（中山路71号），为江西省文物保护单位。建于1928年，占地面积3300平方米，馆舍面积1100平方米。旧址坐北朝南，砖混结构，平面呈"工"字形，分前、后两楼，中间有楼道连接，与当时南昌城内的江西大旅社、邮政大楼并称为南昌民国三大标志性建筑。

1930年12月，为"围剿"中央苏区和工农红军，蒋介石在这里设立"海陆空军总司令南昌行营"（后改名为"国民政府军事委员会委员长南昌行营"），统一指挥赣、鄂、湘、闽、粤五省的军事、政治。前楼在抗战时期被日机炸毁，1947年按原样重建；后楼为五层书库，一直保持原有的格局和风貌未变。

江西省立图书馆旧址

熊式辉公馆

熊式辉公馆位于南昌市东湖区阳明公园内,是一栋两层的西式坡顶建筑,为南昌市文物保护单位。建于20世纪30年代,占地面积220平方米。整栋建筑用青砖叠砌,木构门窗,木质地板,主体为民国中期建筑风格。1932年,时任江西省政府主席熊式辉购得此幢别墅。蒋介石也曾多次在这栋别墅召开会议。

熊式辉公馆

黄秋园故居

黄秋园故居

黄秋园故居位于南昌市小桃花巷21号，为江西省文物保护单位。建筑坐东朝西，为一栋三层民居。底层中部居室，是著名已故画家黄秋园先生生前居住和作画的地方，共两间，保存完整，面积37.78平方米。从二十世纪四十年代开始，黄秋园即租住在此，现已成为黄秋园纪念馆。

毛泽东思想胜利万岁馆旧址

毛泽东思想胜利万岁馆旧址

　　毛泽东思想胜利万岁馆旧址位于南昌市八一广场西侧，是全国目前保留下来的规模最大、最有特色的"文化大革命"时期的建筑，为江西省文物保护单位。建于1968年10月，钢混结构建筑，坐西朝东，平面呈"山"字形，内部共六层，占地面积18722.3平方米，建筑面积38000平方米。旧址正面上方是四个灯塔，正中柱廊上方嵌有七块石质浮雕，集中反映中国革命七个重要的里程碑，所有外墙均采用江西景德镇特制的米黄色亚光釉面砖装饰，使整个建筑显得雄伟、庄重、典雅，体现了中国传统的建筑艺术风格。旧址原为毛泽东思想胜利万岁馆，1992年起改为江西省展览中心。

南昌邮政大楼旧址

南昌邮政大楼旧址位于南昌市东湖区邮政路2号,为南昌市文物保护单位。始建时定名"南昌交通大楼",现称邮政大楼。1935年2月动工,1936年10月10日落成并正式启用。大楼共两层,坐北朝南,建筑布局为马蹄形,占地面积约7946.47平方米。在当时与江西大旅社、江西省立图书馆并称为南昌民国三大标志性建筑。

南昌邮政大楼

八一南昌起义纪念塔

　　八一南昌起义纪念塔位于南昌市八一广场南侧中央，为南昌市文物保护单位。1977年8月1日动工，1979年1月8日落成。坐南朝北，通高53.6米，由台基、塔座、塔身和塔顶四部分组成。台基为正方形，每边长75.2米，占地面积5655平方米。塔座正面分别为"1927.8.1"字样和八一南昌起义简介文字，塔身正面镶嵌有叶剑英同志题写的"八一南昌起义纪念塔"九个镏金大字。塔顶的造型是一支高14米的直立"汉阳造"步枪和一面迎风飘扬的"八一"军旗。2003年，南昌市人民政府对八一广场进行重修，把纪念塔塔基向西平移了6米，将塔身加高了8米。

八一南昌起义纪念塔

徐陂山天主教堂

徐陂山天主教堂

徐陂山天主教堂位于南昌市进贤县架桥镇荣华村，为进贤县文物保护单位。建于清光绪初年，共4幢建筑，即天主堂、神父楼、修女楼和圣母楼，占地1.2万平方米，砖木混合结构。天主堂南墙顶部置一石质十字架，为天主教标志性形制。建筑内部为木质抬梁结构，空间较为开阔。徐陂山天主教堂是我省最早的教堂之一，建筑风格独特，采用西方建筑工艺，是清末民初典型的天主教宗教建筑群。

大染房

大染房

大染房位于南昌市西湖区土地庙 7 号,为西湖区文物保护单位,是清末一王姓大户私家染织布艺的场所。染房坐北朝南,砖木结构,硬山屋顶,青砖外墙,麻石门框,门前有两颗大古树,占地面积约 521.76 平方米。内部为穿斗式木架构,前后三进三个天井,梁柱粗大,梁柱之间有雕花雀替,有拼花木窗和雕花门群板,地面原是金砖铺制而成,上下二层共 20 多间房间。

永聚泰和盐行

永聚泰和民居位于南昌市西湖区前进路将军渡 39 号，为西湖区文物保护单位。清代建筑，东西朝向，两个天井，三进，16 个房间，面宽约 10 米，占地面积 357 平方米。屋内门窗、大门门楣有雕花。大门上方有一个石牌，从右到左刻"永聚泰和"字样，最早为一胡姓人家在此经营盐业。

永聚泰和盐行

祥丰钱庄

祥丰钱庄

祥丰钱庄位于南昌市西湖区合同巷 37 号,为西湖区文物保护单位。始建于民国初期,坐东朝西,占地面积为 400 米,砖木结构,外墙为中西合璧样式,正门上方饰一混凝土现浇拱形檐棚。内部总体为穿斗木架构,用料考究气派,显示了钱庄当时的经济实力。进门内部一进为封闭式两层木结构,二进天井东侧为正堂,两侧为厢房,另有楼梯可达二层,有拼花木窗。

小吊楼药店

小吊楼药店位于南昌市西湖区合同巷25号,为西湖区文物保护单位。始建于民国初年,砖木结构,坐西朝东,内部为两层木结构穿斗式民房,占地面积300多平方米,门前有雕花小吊楼。原是一舒姓商人开的中药店,后来成为棉花厂。该房前端原为小型店铺式结构,南侧为高台式柜台,北侧为可拆卸式门板。通过店面进入后间,由木梯可达二层,中间和后部各有一个小天井。

小吊楼药店

翘步街老房子

翘步街老房子位于南昌市西湖区翘步街52号，为西湖区文物保护单位。始建于民国初年，坐西朝东，砖木结构，上下二层，占地面积800多平方米，前后有四进三天井，面阔三开间，总纵深42.8米。内部穿斗式木架构，梁柱粗大，建筑规模较大。据说以前是天津商人经销橡胶的商行。

翘步街老房子

翠花街酒作坊

翠花街酒作坊位于南昌市西湖区广润门8号，为西湖区文物保护单位。始建于民国末年，面积约为25.5平方米。作坊坐西朝东，砖木结构，上下三层，内部为简易木结构，第三层朝外（东面）挑出简易木阳台，南、西、北三面外墙为青砖。翠花街酒作坊是当时较典型的砖木结构民居，对研究当时南昌的民居有着重要的参考价值。

翠花街酒作坊

亨得利店

亨得利店位于南昌市东湖区胜利路48号,为江西省优秀近现代建筑。建于1918年,原是上海亨得利钟表总行的分店,初名亨得利钟表眼镜公司。坐西朝东,钢混结构,高23.4米,共六层。楼顶另建钟楼一座,高10米。亨得利店平面呈"L"形,面宽15米,进深36米,建筑面积387平方米。六层屋面以上为独有的钟楼,钟楼呈三面体形,东北、东南面上部各有一个直径3米的大型电子挂钟,顶部另置一个三锥体尖顶(原钟楼为半圆球形顶)。亨得利店虽经多次修葺,但基本保持了原貌,总体仍然为仿欧式风格。

亨得利店

国民革命军第五方面军警卫团旧址

国民革命军第五方面军警卫团旧址位于南昌市东湖区章江路67号省歌舞剧院内，为东湖区文物保护单位。建于20世纪40年代。面宽16.5米，进深6.2米，占地面积100平方米。旧址坐西朝东，青砖灰瓦，穿斗式，硬山顶，中间有西式的拱形门大门一扇和拱形窗户两扇。南昌起义时，国民革命军第五方面军警卫团就驻扎在这里。

国民革命军第五方面军警卫团旧址

中共中央东南分局旧址

中共中央东南分局旧址

中共中央东南分局旧址位于南昌市西湖区东书院街21号，为西湖区文物保护单位。旧址由附1号—附6号共六栋民国时期砖木结构的西式建筑群组成。始建于1917年，建筑面积1868.42平方米，院内还有枯井和水塔。附1号由盐商余兴庆建造，平面呈长方形，占地面积208平方米，为两层砖木结构仿西式建筑。附2号—附6号原称危家大屋，由五栋砖木结构、上下两层法式风格的建筑组成，原为法国天主教会创办的"法国医院"宿舍。

1938年1月，中共中央东南分局在江西南昌成立，办公地点就设在附1号—附6号。1938年11月，中共中央东南分局自南昌迁往皖南泾县。

励志社南昌分社旧址

励志社南昌分社旧址位于南昌市东湖区爱国路216号的滨江宾馆内，内部称"一号楼"，是1934年落成的一座中西合璧的仿宫殿式砖木混凝土建筑。坐北朝南，占地面积约1100平方米。平面呈"工"字形，共三层（地面两层、半地下式一层），歇山顶，盖灰色机制瓦。励志社创立于1929年，原名黄埔同学会励志社，主要负责国民革命军的文化、教育、娱乐等事宜，经办蒋介石的一些私人事务。励志社南昌分社旧址是中国近现代史不少重要历史事件的发生地和见证物，其中西合璧的建筑设计颇具时代风格。

励志社南昌分社旧址

中央南昌飞机制造厂旧址

中央南昌飞机制造厂旧址位于南昌市北京西路437号江西师范大学青山湖校区内。1935年始建。东西宽132米，南北长348米，占地面积2.24公顷。旧址现存有指挥塔楼一座、飞机棚厂（飞机库）一座、飞机修理厂一个、飞机棚厂遗址一处、飞机跑道遗迹一处。

指挥塔楼

飞机修理厂

中央南昌飞机制造厂由于当时是与意大利合作，主要仿制意大利飞机，因此也被称为南昌中意飞机制造厂，当时与上海虹桥航空工厂、杭州飞机制造公司并列为中国三大飞机制造厂。

飞机棚厂

中苏友好馆

中苏友好馆

中苏友好馆位于南昌市东湖区八一大道371号，为江西省优秀近现代建筑。建于20世纪50年代，共三层，坐东朝西，面宽50米，进深55米，占地面积约2700平方米，为钢混框架机构。中苏友好馆是50年代南昌解放后的首批重大建筑项目之一，与江西省博物馆（旧馆）、江西革命烈士纪念堂一起构成新中国建立初期在南昌落成的三座重要建筑，俗称"三大馆"。中苏友好馆由苏联建筑专家设计，具有浓厚的俄罗斯建筑风格。"文化大革命"后曾一度为江西省工艺美术展览馆办公地，现为江西省文联办公场所。

江西革命烈士纪念堂

江西革命烈士纪念堂位于南昌市东湖区八一大道399号,为江西省优秀近现代建筑。始建于1952年,坐东朝西,砖混结构,占地面积1800余平方米,由三层19米高的陈列大楼、门楼观礼台和其他附属建筑组成。正门由六根

江西革命烈士纪念堂

10米高的钢筋水泥圆柱，支撑着一个伸出2米多的阳台，两侧是对称的直径8米的圆柱形大厅。主体建筑于1954年4月19日竣工，1957年10月1日正式对公众开放。自建成开放以来，一直是重要的爱国主义教育基地，也是全省最大的纪念堂建筑。

育新学校老教学楼

育新学校老教学楼位于南昌市东湖区北京西路287号,为江西省优秀近现代建筑。始建于1952年,由著名建筑大师梁思成主持设计。教学楼面宽31米,进深16.5米,占地面积约500平方米,坐北朝南,共三层,砖木结构,欧式坡顶,红砖外墙,水磨石地面,与学校第一教学楼、第二教学楼成"品"字形排列。

育新学校老教学楼

新中国第一架飞机生产车间旧址

新中国第一架飞机生产车间旧址位于南昌市青云谱区南昌洪都集团公司二车间内，又称"八角亭"，为青云谱区文物保护单位。旧址主体为上、下两层的钢筋混凝土结构建筑，平面呈正八边形，占地面积 5876 平方米。1954 年 4 月，洪都机械厂（现南昌洪都集团公司）在该车间内制造了新中国自行生产的第一架飞机——"雅克 18"。

新中国第一架飞机生产车间旧址

江西省航运大楼旧址

江西省航运大楼旧址

江西省航运大楼旧址位于南昌市东湖区抚河北路253号,为江西省优秀近现代建筑。建于1954年。占地面积约490平方米。西南朝向,共三层,砖木架构,仿宫殿式风格,歇山顶,青砖外墙。

江西饭店

江西饭店位于南昌市东湖区八一大道356号，为江西省优秀近现代建筑。建于1956年。占地面积2000平方米。坐西朝东，钢混框架结构，主楼七层，两侧五层，平面南北成轴对称。新中国第一任江西省长邵式平亲笔题写店名。

江西宾馆

江西宾馆位于南昌市东湖区八一大道368号，为江西省优秀近现代建筑。建于20世纪60年代，东北朝向，占地面积2500平方米。平面呈"L"形状，共九层，为钢混框架架构。

江西宾馆

南昌百货大楼

南昌百货大楼位于南昌市东湖区中山路1号，是江西省"老字号"百货企业。建于1958年，坐西朝东，面宽67米，进深60米，共六层，占地面积约3500平方米，为钢混结构。大楼经过多次装修改造，但总体结构没有大的变化。

南昌百货大楼

方志敏墓

方志敏墓位于南昌经济技术开发区志敏大道三支路188号（梅岭东麓山脚），为全国重点烈士纪念建筑物保护单位。墓区坐北面南（略偏西），占地面积136亩，海拔115米，纵向进深165.7米，顺山势建有11层共157级花岗岩石台阶（寓意方志敏同志为共产主义事业奋斗了11个春秋和从1931年任赣东北特区苏维埃主席至牺牲时1570个日日夜夜）。陵墓区平面呈方形，中间略靠前置基台，基台上置汉白玉棺台，棺台正面为汉白玉石碑。汉白玉石碑正中竖刻毛泽东主席手书"方志敏烈士之墓"。方志敏墓前为约800平方米的纪念广场，广场中间的八角形花坛中央立方志敏烈士半身铜像一尊。

方志敏墓

南昌市邮电大楼

南昌邮电大楼位于南昌市西湖区孺子路2号，为西湖区文物保护单位。由苏联专家设计，1959年投入使用，是20世纪50年代至60年代南昌地区的标志性建筑之一。大楼为钢混结构，主楼朝向东北面，共六层，主楼后面的附楼共三层；东侧楼坐西朝东，共五层；北侧楼坐南朝北，共五层。主楼(含附楼)占地面积为1865平方米；东侧楼占地面积为641平方米；北侧楼占地面积为1648平方米，总占地面积为4154平方米。

南昌市邮电大楼

八二八招待所一号楼旧址

八二八招待所一号楼旧址位于南昌县岗前村高坊岭原中共江西省委八二八招待所内，为南昌县文物保护单位。旧址坐西朝东，占地面积约2000平方米，是一栋单层砖混结构建筑，墙体厚达65厘米，高4.7米，建于1969年，是江西省委专门用于接待中央首长的宾馆，简称"八二八招待所"。毛泽东主席曾四次住在八二八招待所一号楼。

八二八招待所一号楼旧址

八二八招待所毛泽东卧室

陈云旧居

陈云旧居位于南昌市青云谱区八大山人梅湖景区西南侧,为青云谱区文物保护单位。旧居坐落在江西省军区南昌第一干休所内,是一栋青灰色的单层"人"字顶砖木结构建筑。建于1952年,坐北朝南,平面呈长方形,东、西两边基本对称,占地面积298平方米。1969年11月4日至1972年4月22日,陈云同志在江西"蹲点"劳动时就住在这栋房屋里。

陈云旧居

附录

附录一　南昌市各级文物保护单位一览表

序号	名称	级别	地址	年代	类别	公布时间
1	李渡烧酒作坊遗址	国保	进贤县李渡镇	元明清	古遗址	2006.06
2	陈氏牌坊	国保	进贤县七里乡陈家村	明代	古建筑	2006.06
3	青云谱	国保	青云谱区青云谱路259号	明清	古建筑	2006.06
4	八一起义指挥部旧址	国保	西湖区中山路380号	民国	革命遗址及革命纪念建筑物	1961.03
4	贺龙指挥部旧址	国保	东湖区子固路165号	民国		1961.03
4	朱德军官教育团旧址	国保	东湖区八一大道376号	民国		1961.03
4	朱德旧居	国保	东湖区花园角2号	民国		1961.03
4	叶挺指挥部旧址	国保	东湖区苏圃路1号	民国		1961.03
5	南昌新四军军部旧址	国保	西湖区友竹巷7号	1938	近现代重要史迹及代表性建筑	2006.06
6	紫金城城址与铁河汉古墓群	国保	新建区铁河县殖场	汉代	古墓葬	2013.04
7	朱权墓与乐安王墓	国保	新建区望城乡	明代	古墓葬	2013.04
8	羽琴山馆和云亭别墅	国保	进贤县架桥镇艾溪陈家村	清代	古建筑	2013.04

续表

序号	名称	级别	地址	年代	类别	公布时间
9	邓小平旧居与劳动车间	国保	新建区望城乡庄县棉麻纺织厂	现代	近现代重要史迹及代表性建筑	2013.04
10	三国孙虑城遗址	省保	安义县东阳乡上徐村	三国	古遗址	1987.12
11	常里湖遗址	省保	新建区生米镇胜利村	新石器	古遗址	1957.07
12	三国东吴墓	省保	南昌县莲塘、小兰西岗山	三国	古墓葬	1987.12
13	珠子塔	省保	进贤县赵埠乡塔下村东	元代	古建筑	1987.12
14	钟陵节调冰霜坊	省保	进贤县钟陵乡钟陵街南	清代	古建筑	1987.12
15	万家焦氏节孝坊	省保	进贤县三里乡科第万家	清代	古建筑	2006.12
16	三里雷家民居	省保	进贤县三里乡雷家村	清代	古建筑	2006.12
17	豫章世家坊	省保	进贤县文港镇张罗村	宋一明一清代	古建筑	2006.12
18	京台戏台	省保	安义县石鼻、京台村	清代	古建筑	1987.12
19	罗田士大夫第	省保	安义县长埠镇罗田村	清代	古建筑	2006.12
20	水南余庆堂民宅	省保	安义县长埠镇罗田村	清代	古建筑	2006.12

续表

序号	名称	级别	地址	年代	类别	公布时间
21	京台"曦庐"民宅 刘氏宗祠	省保	安义县石鼻镇京台村	清代	古建筑	2006.12
22	玉隆万寿宫	省保	新建区西山镇街中段	清代	古建筑	1957.07
23	梦山石室	省保	新建区石埠、红林林场	汉代	古建筑	1959.11
24	汪山土库	省保	新建区大塘坪乡长胜村	清代	古建筑	2004.03
25	杏花楼	省保	东湖区南湖路29号	清代	古建筑	2006.12
26	绳金塔	省保	西湖区绳金塔街165号	清代	古建筑	1987.12
27	蜚英塔	省保	高新技术开发区宝塔村南	明代	古建筑	1959.11
28	新庵里摩岩石刻	省保	新建区石埠、红林林场	元代	石窟寺及石刻	1987.12
29	洪崖石刻	省保	湾里区招贤镇万里村湾里区水长后	宋代	石窟寺及石刻	1987.12
30	江西省立图书馆旧址	省保	东湖区中山路71号	1930	近现代重要史迹及代表性建筑	2006.12
31	黄秋园居室	省保	西湖区小桃花巷21号	现代	近现代重要史迹及代表性建筑	2000.07

续表

序号	名称	级别	地址	年代	类别	公布时间
32	毛泽东思想胜利万岁馆旧址	省保	西湖区八一广场	现代	近现代重要史迹及代表性建筑	2006.12
33	松柏巷天主堂	省保	西湖区罗家塘82号	1922	近现代重要史迹及代表性建筑	2006.12
34	令公庙	省保	南昌县塘南柘林街	近代	近现代重要史迹及代表性建筑	1987.12
35	圣水塘	省保	安义县新民乡杏树村狮子山	清代	其他	1996.02
36	佑民寺铜钟	省保	东湖区环湖路29号	北宋	其他	1957.07
37	七座连城遗址	市保	进贤县民和蛇坑村	商周	古遗址	1985.12
38	寨子峡遗址	市保	进贤县民和茶溪村	商周	古遗址	1985.12
39	铜锣山	市保	安义县石鼻棱上村	西周	古遗址	1985.12
40	唐永王墓	市保	南昌县广福板湖村东南	唐代	古墓葬	1985.12
41	魏松山墓	市保	安义县鼎湖太平乡戴坊村	明代	古墓葬	1996.02
42	皇姑墓	市保	湾里区太平乡合水村	清代	古墓葬	1985.12
43	普陀佛塔	市保	南昌岗上镇兴农南	明代	古建筑	1985.12

续表

序号	名称	级别	地址	年代	类别	公布时间
44	秀峰桥	市保	南昌县三江镇山下村城岗岭东	明代	古建筑	1985.12
45	珠子塔	市保	南昌县三江镇南街后村西	清代	古建筑	1985.12
46	道光古井	市保	南昌县三江镇后万村东口	清代	古建筑	1996.02
47	石门坊	市保	南昌县三江镇竹山村溜李村	明代	古建筑	2006.03
48	原本堂	市保	南昌县武阳镇郭上村	民国	古建筑	2006.03
49	吴氏家庙	市保	南昌县岗上镇蚕石村	民国	古建筑	2006.03
50	世德传芳坊	市保	进贤县文港镇翁门村	明	古建筑	2006.03
51	菁石桥	市保	进贤县李渡镇柳树下	明末清初	古建筑	2006.03
52	文峰塔	市保	安义县龙津文峰公园	明代	古建筑	1985.12
53	邓家牌坊	市保	安义县石鼻镇邓家村	清代	古建筑	1985.12
54	下徐牌坊	市保	安义县东阳下徐村	清代	古建筑	1996.02
55	贞寿牌楼屋	市保	安义县石鼻镇安家村	清代	古建筑	2006.03
56	邓大桥	市保	新建区石埠乡乌城村	晋代	古建筑	1996.02
57	乌龙桥	市保	新建区生米镇文青村	明代	古建筑	2006.03

续表

序号	名称	级别	地址	年代	类别	公布时间
58	定山桥	市保	青云谱区八大山人纪念馆西	清代	古建筑	2006.03
59	紫阳宫	市保	湾里区梅岭乡店前村紫阳峰顶	明代	古建筑	1985.12
60	柘流桥	市保	湾里区罗亭镇曹家村	明代	古建筑	1985.12
61	妙济桥	市保	湾里区招贤镇东源村口	清代	古建筑	1985.12
62	无公碑	市保	湾里区招贤镇田尾村	南宋	石窟寺及石刻	1985.12
63	罗复隆栈（恰恰别墅）	市保	进贤县三里乡政府院内	1948	近现代史迹	2006.03
64	熊式辉公馆	市保	东湖区阳明公园	民国	近现代重要史迹及代表性建筑	2006.03
65	南昌邮政大楼	市保	东湖区邮政路2号	1936	近现代重要史迹及代表性建筑	2006.03
66	八一起义纪念碑	市保	西湖区八一广场	1977	近现代重要史迹及代表性建筑	1985.12
67	北田旗杆石群	县保	进贤县文港镇张罗村	清代	石刻	2004.07
68	河湾井遗址	县保	南昌县向塘镇河湾村	抗战时期	近现代重要史迹及代表性建筑	1983.10

续表

序号	名称	级别	地址	年代	类别	公布时间
69	天仙庙遗址	县保	南昌县三江镇南街村蔡家自然村	抗战时期	近现代重要史迹及代表性建筑	1983.10
70	红军标语	县保	新建区西山镇漾山美里村	现代	近现代重要史迹及代表性建筑	1985.08
71	（万寿宫）红军标语	县保	新建区西山镇万寿宫内	1930	近现代重要史迹及代表性建筑	1984.11
72	憩亭	县保	安义县龙津镇安义大桥北岸西侧60米	1962	近现代重要史迹及代表性建筑	1986.07
73	京台砖塔	县保	安义县石鼻镇京台村	民国	近现代重要史迹及代表性建筑	1986.07
74	日寇侵华大屠杀地	县保	安义县石鼻镇山下熊家	1939	近现代重要史迹	1986.07
75	革命烈士纪念塔	县保	南昌县莲塘镇五一路南端（莲塘公园）	现代	近现代重要史迹及代表性建筑	2005.01
76	鲁田石刻	县保	新建区石埠乡鲁田村	清代	石窟寺及石刻	1985.08
77	曹秀先书法石刻	县保	新建区樵舍镇波汾村	清代	石窟寺及石刻	1985.08
78	极乐寺	县保	新建区大塘坪乡光华村	唐—清代	古建筑	1985.08

续表

序号	名称	级别	地址	年代	类别	公布时间
79	天花宫	县保	新建区望城镇三联村	明—清代	古建筑	1985.08
80	义渡古井	县保	新建区流湖乡毛家村	明代	古建筑	1985.08
81	石牌坊	县保	新建区金桥乡大观村	明—清代	古建筑	1985.08
82	北坊夏家祠堂	县保	新建区厚田乡北坊村	明代	古建筑	1985.08
83	杨都督府故居	县保	安义县黄洲镇七房山下村	清代	古建筑	1995.03
84	余氏宗祠	县保	安义县县城徐家塘	清代	古建筑	1995.03
85	印背门坊群	县保	安义县阳阴镇云溪印背村	清代	古建筑	1986.07
86	下桥石塔	县保	安义县长埠镇下桥石山戴村	明代	古建筑	1986.07
87	魁星阁	县保	安义县城解放路	清代	古建筑	1986.07
88	京台石门坊	县保	安义县石鼻镇京台村	明代	古建筑	1986.07
89	邓家桥	县保	安义县石鼻镇邓家村	清代	古建筑	1986.07
90	砀山桥	县保	安义县石鼻镇砀山村	清代	古建筑	1986.07
91	周坊村民居群	县保	进贤县文港镇周坊村	清代	古建筑	2004.07
92	东桂民居群	县保	进贤县李渡镇东桂村	清代	古建筑	2004.07

续表

序号	名 称	级别	地址	年代	类别	公布时间
93	晏氏故里祠堂	县保	进贤县文港镇沙河晏家村	清代	古建筑	2004.07
94	徐陂山天主教堂	县保	进贤县架桥镇北	清代	古建筑	2004.07
95	三房清代建筑群	县保	进贤县罗溪镇三房村	清代	古建筑	2004.07
96	前塘清代建筑群	县保	进贤县文港镇前塘村	清代	古建筑	2004.07
97	李渡老街区清代建筑群	县保	进贤县李渡镇老街区	清代	古建筑	2004.07
98	上埠胡家清代建筑群	县保	进贤县文港镇上埠胡家村	清代	古建筑	2004.07
99	旧下明清建筑群	县保	进贤县罗溪镇旧下村	明—清代	古建筑	2004.07
100	曾湾牌坊群	县保	进贤县文港镇曾湾村	明代	古建筑	2004.07
101	陈鼎佑"义门世家"宅	县保	进贤县下埠集乡柯溪西陈村	明代	古建筑	2004.07
102	平石桥	县保	进贤县架桥镇大溪黄家村南	明代	古建筑	2004.07
103	钟陵桥	县保	进贤县钟陵乡钟陵街南	清代	古建筑	1983.07
104	润溪桥	县保	进贤县钟陵乡下万胡家村南	清代	古建筑	1983.07
105	大石桥	县保	进贤县民和镇桥子头街北	清代	古建筑	1983.07
106	池溪桥	县保	进贤县池溪乡池溪街南	清代	古建筑	1983.07

续表

序号	名称	级别	地址	年代	类别	公布时间
107	先达祠	县保	南昌县三江镇南街村蔡家村	民国	古建筑	2005.01
108	邓氏宗祠	县保	南昌县莲塘镇墨山村	民国	古建筑	2005.01
109	狮子坊祖堂石门	县保	南昌县武阳镇郡上钟家自然村	明代	古建筑	2005.01
110	万村古民居	县保	南昌县三江镇三江村前、后万自然村	明—清代	古建筑	2002.12
111	贞节牌坊	县保	南昌县幽兰镇牌坊村	清代	古建筑	2000.07
112	乾隆古井	县保	南昌县三江镇东庄村	清代	古建筑	2000.07
113	嘉庆古井	县保	南昌县三江镇汗塘村	清代	古建筑	2000.07
114	万历古井	县保	南昌县冈上镇月池村	明代	古建筑	2000.07
115	明清村庄	县保	南昌县广福镇板湖村黎家自然村	明—清代	古建筑	1983.10
116	古住址石牌坊	县保	南昌县幽兰镇罗舍下魏村	明代	古建筑	1983.10
117	黎家贞节牌坊	县保	南昌县广福镇板湖村黎家自然村	明代	古建筑	1983.10
118	岘山庵	县保	南昌县幽兰镇南湖万村	明代	古建筑	1983.10
119	"善庆重光"坊	县保	新建区石埠乡龙岗村	明代	古建筑	2011.03
120	"瑞霭春云"民居	县保	新建区松湖镇南湾村	清代	古建筑	2011.03

续表

序号	名称	级别	地址	年代	类别	公布时间
121	石埃安源桥	县保	新建区西山镇熊家村	明代	古建筑	2011.03
122	熊桂公墓	县保	江西省新建区樵舍镇百石垄	明代	古墓葬	1985.08
123	熊应申墓	县保	新建区樵舍镇雪坊村	宋代	古墓葬	1985.08
124	窑河古墓群	县保	新建区昌邑乡窑河村	汉代	古墓葬	1985.08
125	英山石塔墓群	县保	新建区西山镇石埃村	明代	古墓葬	2011.03
126	黄祺墓	县保	安义县黄洲镇老屋后昌村	明代	古墓葬	1986.07
127	北山晋墓群	县保	安义县东阳镇北山村	晋朝	古遗址	1986.07
128	陈国典家族墓葬群	县保	进贤县下埠集乡柯溪西陈村南850米	明—清代	古墓葬	2004.07
129	皇妃墓	县保	南昌县幽兰镇渡头姜家村	南宋	古墓葬	1983.10
130	尼姑山塔墓群	县保	湾里区招贤镇东源村	清代	古墓葬	2013.09
131	刘城庙遗址	县保	南昌市高新开发区麻丘镇闵村北	商周	古遗址	1983.10
132	蛇虾垄遗址	县保	新建区流湖乡新塘村	新石器	古遗址	1985
133	游塘遗址	县保	新建区昌邑乡游塘村	汉魏时期	古遗址	1984.11
134	赤城遗址	县保	新建区铁河乡赤城村	汉代	古遗址	1984

续表

序号	名称	级别	地址	年代	类别	公布时间
135	彰灵岗	县保	安义县龙津镇操演山	旧石器	古遗址	1995.03
136	台山	县保	安义县龙津镇台山村北	旧石器	古遗址	1995.03
137	前溪山	县保	安义县鼎湖镇前溪村南	旧石器	古遗址	1995.03
138	营盘山遗址	县保	安义县石鼻镇石鼻峻上村	西周	古遗址	1986.07
139	八保山	县保	安义县万埠镇变电所	商周	古遗址	1986.07
140	安昌坟山	县保	安义县鼎湖镇花园村	商周	古遗址	1986.07
141	南土墩遗址	县保	进贤县下埠集乡下埠集街南	商周	古遗址	1983.07
142	柏岗遗址	县保	南昌县三江镇柏岗林场	商周	古遗址	2005.01
143	前坊遗址	县保	南昌县向塘镇梁西村前坊自然村	新晚—商周	古遗址	2000.07
144	蚕石窑址	县保	南昌县冈上镇蚕石村	晋代	古遗址	1983.10
145	梁西遗址	县保	南昌县向塘镇梁西村	商周	古遗址	1983.10
146	马井遗址	县保	南昌县向塘镇沙潭村庙江自然村	新晚—商周	古遗址	1983.10
147	介岗八大山八出家地建筑遗址	县保	南昌县黄马乡涂洪村界岗自然村	清代	古遗址	2010.05

续表

序号	名称	级别	地址	年代	类别	公布时间
148	南矶山藏兵洞	县保	新建区南矶山红卫村	明代	古遗址	2011.03
149	铜源峡水碓群	县保	新建区望城镇铜源幸福村	明代	古遗址	2011.03
150	凤鸡山红石场遗址	县保	新建区南矶山红石厂	明代	古遗址	2011.03
151	香城寺遗址	县保	湾里区招贤镇红星村香城林场	唐代	古遗址	2013.09
152	法雨寺遗址	县保	湾里区招贤镇红星村香城林场	唐代	古遗址	2013.09
153	八二八招待所一号楼旧址 南昌县 近现代重要史迹和代表性建筑	县保	南昌县莲塘镇岗前村高坊岭原中共江西省委八二八招待所内	1969	近现代重要史迹及代表性建筑	2011.12

附录二　南昌市公布的第一批历史建筑一览表

编号	名称或地址	编号	名称或地址
1*	合同巷2号	38	东书院街17号（鸦片烟馆）
2	合同巷25号（小吊楼药店）	39	半边街93号（谢氏宗祠）
3*	合同巷36号	40	牛行车站旧址
4	合同巷37号（祥丰钱庄）	41	北湖路6号南1
5*	合同巷14号	42	北湖路6号南2
6*	醋巷1号	43	戴家路58号
7*	醋巷2-4号	44	花园角009号
8*	醋巷7号	45	环湖路37号附5
9*	醋巷8号	46	环湖路69号
10*	醋巷9号	47	八一大道399号（江西革命烈士纪念堂）
11*	醋巷10号	48	胜利路50号
12	醋巷15号（清真寺）	49	苏圃路261号
13*	翘步街7号	50	算子称街5号

续表

编号	名称或地址	编号	名称或地址
14*	翘步街9号	51	渊明南路89号
15	翘步街42号	52	象山北路南昌晚报社
16	翘步街52号	53	东上谕街23-27号
17	萝卜巷25号（盐庄）	54	西湖横街16号
18*	棋盘街1-3号	55	傅家坡巷13号
19*	棋盘街2-4号	56	康王庙巷32号
20*	广润门街1号	57	李家路16号对面
21	广润门街8号（酒作坊）	58	胜利路122-3号
22	犁头咀巷59号	59	胜利路169号
23	犁头咀巷57号	60	胜利路太平鸟专卖店
24	进贤仓街36号	61	胜利路129号
25	万寿宫巷金城门楼	62	胜利路123号
26	八一大道371号（中苏友好馆）	63	胜利路121号
27	胜利路46-48号（享得利店）	64	民德路342号

续表

编号	名称或地址	编号	名称或地址
28	民德路112号（基督教志道堂）	65	育婴路3号
29	胜利路73号（黄庆仁药店）	66	南浦路12号
30	射步亭22号	67	南浦路19号
31	民德路159号	68	上塘塍街31号
32	八一大道368号（江西宾馆）	69	上塘塍街35号
33	东书院街21号（红房子）	70	兴隆巷56号
34	象山南路280号（原肺结核医院）	71	兴隆巷90号
35	都司前街17-20号（花轿房）	72	筷子街31号
36	陈家桥巷18号（通奉第）	73	筷子街33-35号
37	土地庙巷7号（大染坊）	74	下三益巷4号
75	下三益巷5号	110	坝口路78-83号
76	校厂西巷44号	111	坝口路110号
77	上三益巷13号	112	金塔东路35支57号
78	校厂东巷9号	113	金塔东路35支13号

续表

编号	名称或地址	编号	名称或地址
79	樟树下巷15号	114	十字街744号
80	樟树下巷16号	115	十字街734号
81	清洁堂巷15号	116	十字街726号
82	三眼井28、30号	117	会堂侧路91号
83	三眼井6号	118	十字街710号
84	三眼井4号	119	十字街656号
85	三眼井3号	120	十字街654号
86*	南昌仓街3号	121	十字街591号
87*	地藏庵巷3号	122	十字街585号
88	地藏庵巷49号	123	十字街577-127号
89*	犁头咀巷15号	124	东坛街125-127号
90	进贤仓街26号	125	东坛街110号
91	南昌仓街8-10号	126	东坛街75号
92	象山南路47号	127	东坛街73号

续表

编号	名称或地址	编号	名称或地址
93	前进路438号	128	东坛街68号
94	前进路314号	129	东坛街63号
95	小桃花巷19号	130	东坛街58号
96	小桃花巷25-1号	131	东坛街56号
97	谦让里11号	132	石头街134号
98	谦让里12号	133	土地庙巷13号
99	谦让里33号	134	东书院街7号
100	谦让里34号	135	水文巷6号
101	谦让里40号	136	水文巷9号
102	谦让里41号	137	八一大道电信大楼
103	仁寿里12号	138	校厂北巷89-90号
104	仁寿里11号	139	十字街772号
105	仁寿里10号	140*	禾草街20号
106	老贡院路002号	141	进贤仓街36号

续表

编号	名称或地址	编号	名称或地址
107	松柏路96号	142	梨头咀巷57号
108	松柏路94号	143*	梨头咀巷59号
109	松柏路27号		

注：带*者为2011年5月公布的第一批19处南昌市历史建筑。

图书在版编目（CIP）数据

豫章遗韵：南昌不可移动文物精粹 / 喻风林主编 .— 南昌：江西人民出版社，2016.12
（南昌历史文化丛书）
ISBN 978-7-210-08791-5

Ⅰ . ①豫… Ⅱ . ①喻… Ⅲ . ①历史文物—介绍—南昌 Ⅳ . ① K872.561

中国版本图书馆 CIP 数据核字（2016）第 224710 号

豫章遗韵：南昌不可移动文物精粹

喻风林　主编

责任编辑：陈世象
封面设计：揭同元
出　　版：江西人民出版社
发　　行：各地新华书店
地　　址：江西省南昌市三经路 47 号附 1 号
学术出版中心电话：0791-86898330
发行部电话：0791-86898815
邮　　编：330006
网　　址：www.jxpph.com
E-mail:swswpublic@sina.com　web@jxpph.com
2016 年 12 月第 1 版　2016 年 12 月第 1 次印刷
开本：787 毫米 ×1092 毫米　1/16
印　　张：12.5
字　　数：130 千字
ISBN 978-7-210-08791-5
赣版权登字—01—2016—664
版权所有　侵权必究
定　　价：55 元
承 印 厂：南昌市红星印刷有限公司
赣人版图书凡属印刷、装订错误，请随时向承印厂调换